기독교 미술 이야기 II
7인의 컬렉션

당신이 하나님을 더 깊이 알아가고 더 널리 알리는 사람이 되는 것, 이 책에 담긴 도서출판 예수전도단의 마음입니다. 말씀을 통해 저자가 깨닫고, 원고를 통해 저희가 누릴 수 있었던 그 감동이 책을 통해 당신에게도 전해지기 원합니다. 그리고 당신을 통해 그 기쁨과 은혜가 더 많은 이에게 계속해서 흘러가기를 기도하겠습니다. 이 책을 통해 당신이 받은 은혜를 다른 분들에게도 나눠주십시오. 사랑하고 축복합니다.

ⓒ 라영환, 서성록, 김진명, 안용준, 유경숙, 서현주, 서나영 2023

본 저작물의 저작권은 와웸퍼블에 있습니다.
저작권법에 의해 보호받는 저작물이므로 무단 전재와 복제를 금합니다.

기독교
미술
이야기 II

7인의 컬렉션

라영환

서성록

김진명

안용준

유경숙

서현주

서나영

와웸퍼블

발간사

한국기독교미술인협회에서 프로레게 6권(Pro Rege vol. 6) 『기독교 미술 이야기 II : 7인의 컬렉션』을 발간하게 되어 참으로 기쁘고 설렙니다. 두 해 전 출간되었던 『기독교 미술 이야기 : 여섯 개의 시선』이 꾸준히 대중들에게 신선한 호응으로 주목됨에 힘입어 시리즈 작업의 탄생으로 이어지게 되었습니다. 시대를 반영하는 거울로서 미술이 내포하는 내용은 다양한 삶의 궤적들을 담고 있으며, 흥미로운 시각적 볼거리들로 채워져 있습니다. 어려운 문제를 쉽게 풀어주듯 지나간 시대는 무엇을 바라보았고 어떻게 고민하였는가의 구체적인 모습들을 대면하게 하며, 사고하는 폭과 깊이를 더 풍성하게 만들어 줍니다. 무거운 인생의 주제들을 시각 미술에 담긴 의미와 표현으로 읽어내고 좀 더 가볍게 접근할 수 있도록 우리의 시선을 확장하게 합니다.

시대를 막론하고 인간은 각자 자신에게 주어진 삶의 이유와 목적에 대해 끊임없이 질문하고 답을 찾습니다. 시간의 흐름 속에 존재하는 자신을 바라볼 수 있는 사고를 했기에 그러합니다. 흔히들 그려보는 성공적인 삶의 모습만이 답이 아님을 깨닫게 되는 것은 세상을 바라보는 시각이 건강하게 자리 잡혀야 가능한 일입니다. 기독교는 인간의 존재 이유에 대한 해답을 제시하며 진정한 행복을 찾는 길을 제시하는 종교입니다. 어떻게 살아가야 하는지, 어디로 가야 하는지에 대한 궁금증에 답할 수 있는 길들을 품고 있습니다. 한국교회의 괄목할 만한 성장은 그에 따르는 내용의 균형적인 모습도 요구합니다. 신앙이 무엇인가에 대한 본질적인 물음 앞에 다시 서야 할 시기입니다. 이러한 물음들은 자신에게 주어진 삶의 활동 영역 안에서 연결 지을 수 있습니다.

1966년에 창립된 한국기독교미술인협회는 신앙과 자신의 전문적인 재능을 가지고 교회와 세상을 연결하는 통로의 역할에 대해 책임감을 느끼며 끊임없이 고민하며 나아가고 있습니다. 조형 창작의 근원과 기쁨을 알리고, 하나님이 창조하신 아름다운 이 세상이 인간의 죄로 무너져 감에 안타까움을 통감하며 하나님 앞으로 돌이킬 수 있는 시각적 영역에서의 회복의 일들을 모색하고 있습니다.

	귀한 글들을 위해 산고를 치르듯 누구보다도 더 치열하게 올여름을 보내신 저자분들께 깊은 감사의 마음을 전합니다. 기독 미술의 든든한 동역자로 함께 나아가고 있음에 감사하며 누구보다 하나님이 기뻐하시고 그 수고들을 어여삐 받으시리라 믿습니다. 이 노고의 작은 씨앗들이 결실을 보기 위해서는 시각 미술에 대한 하나님 지체들의 관심과 격려가 필요합니다. 세상 밖으로 확장되어 힘차게 흘려보낼 수 있는 든든한 마중물의 동역으로 각 교회와 성도들의 문화적 연대 차원에서의 관심을 기대합니다. 열악한 출간 조건에도 이 역시 주어진 사명으로 받아들이며 강행해 주신 도서출판 예수전도단 정양호 대표님께도 협회 회원들을 대표하여 감사를 드립니다. 모쪼록 이 책이 성경 말씀에 연이어 삶의 여정 가운데 잔잔히 다가오는 신앙적 울림으로 남게 되길 소망합니다.

신미선 회장
한국기독교미술인협회

추천사

개혁신학자로 네덜란드 수상(首相)을 역임하고 대학교수이자 언론인이었던 아브라함 카이퍼의 말이 떠오릅니다. "만물의 주권자이신 그리스도께서 '내 것이야!'라고 외치지 않는 우리 인간의 실존 영역은 단 일 평방 인치도 없습니다." 그렇게 볼 때 미술도 하나님이 통치하시는 영역의 한 부분입니다. 실제로 미술을 통해 하나님의 통치를 실현한 미술가들이 많이 있습니다.

   렘브란트는 성경을 깊이 묵상하고 작품을 만들어 우리에게 감동을 줍니다. 그가 그린 '돌아온 탕자'를 보면, 탕자를 안아주시는 아버지의 손이 하나는 아버지의 손처럼 다른 하나는 어머니의 손처럼 묘사되어 있습니다. 이는 하나님은 아버지시지만, 따뜻한 어머니의 마음처럼 돌아온 탕자를 맞아주신다는 묵상에서 나온 것입니다. 그래서 "렘브란트 속에 복음이 있고, 복음 속에 렘브란트가 있다."라는 유명한 말이 나오게 된 것입니다. 3대째 개혁파 목사의 아들로 태어난 빈센트 반 고흐는 성경을 최고의 책으로 여겼고, 그의 미술적 영감의 원천은 성경이었습니다. 그는 매일 성경을 읽었고, 편지에는 시편 119편 105절을 인용하기도 했습니다. 이 성경 구절은 네덜란드 개혁주의 철학자 헤르만 도예베르트가 기독교 세계관의 핵심 구절로 뽑은 구절이었습니다. 즉 기독교 세계관은 시편 119편 105절 말씀처럼 하나님의 말씀이라는 빛의 조명 아래 모든 학문이 연구되고, 직업과 직무가 수행되어야 한다는 것입니다.

이 책은 기독교 세계관을 가지고 어떻게 미술 작품을 바라봐야 하는지 그리고 각 작품 속에 담긴 의미들을 독자들에게 알려주고 있습니다. 오늘의 그리스도인들에게 미술 세계를 해석하는 눈을 열어주는 대단히 좋은 책입니다. 현대인은 하나님을 잃어버렸기에 허무와 절망 속에 빠져 삽니다. 기독교 미술가들은 작품을 통해 하나님을 잃어버린 현대인들에게 하나님에 대한 기억을 회복시켜줘야 합니다. 이를 통해 절망과 소외를 외치는 이 세상에서 구원과 소망을 이야기해야 합니다. 이 책을 통해 우리는 하나님께서 선물로 주신 예술세계를 통한 감성적 풍요로움을 경험하게 될 것입니다. 또한 크리스천 미술가들에게는 하나님께서 주신 소명을 분명히 깨닫게 하는 아주 좋은 책이기에 적극 추천하는 바입니다.

박성규 총장
총신대학교

추천사

하나님을 바라보며 따라가는 신앙의 여정은 복되고 즐거운 길입니다. 순탄치 않은 길이지만 참된 진리가 주는 자유함을 누리는 삶의 진정성을 맛보게 되기 때문입니다. 현대사회의 치열한 구조 속에서 교회와 성도들이 건강하게 신앙하기란 쉽지 않은 일입니다. 목회자로서 말씀 준비 외에 교회와 성도들에게 신앙의 질적인 풍요로움을 키울 수 있게 하는 방법적인 고민은 늘 숙제로 남습니다. 그러한 견지에서 2021년에 출판된 『기독교 미술 이야기 : 여섯 개의 시선』에 이어 이번 『기독교 미술 이야기 2 : 7인의 컬렉션』은 참으로 반가운 단비입니다.

우리의 삶 전반에 걸쳐 폭발적으로 증가를 하는 다양한 문화예술의 환경들에 노출된 성도들에게 기독교적인 안목을 키워 건강한 취사선택의 능력을 갖추도록 하는 것은 중요한 신앙적 필수 항목입니다. 한국의 성도들에게 기독 예술의 음악적인 부분은 예배음악을 통해 친근하고 익숙하지만, 미술에 대한 이해도는 아직 많이 낯선 영역일 것입니다. 이것은 단지 미술가 혹은 미술 애호가들만의 제한된 영역은 아닙니다. 음악만큼이나 미술 역시 보시기에 아름답고 좋다고 말씀하신 창조주 하나님의 세계임이 분명합니다.

미술로 신앙을 키워나가며 삶의 지경을 더 풍성히 하게 한다는 것은 하나님이 원하신 창조예술의 목적입니다. 귀와 눈을 통하여 전달되는 기독 예술은 하나님의 창조성을 각 사람의 심령 가운데에 깊이 강조하게 할 것입니다. 지나온 시대의 기독 미술을 살펴보고 한국 기독 미술의 흐름을 짚어내며 믿음의 지평을 다지게 하는 이 책의 내용들은 예술 창작가들과 이를 지켜보는 모든 이들에게 더욱 굳건히 하나님 나라의 확장 사역에 순종하며 기쁨으로 나아가기를 격려할 것입니다.

오정호 목사
새로남교회 담임목사
대한예수교장로회 합동 총회장

서문

기독교 신앙과 예술은 어떤 관계가 있을까? 크리스천 미술가들이라면 누구나 한 번쯤 던져 보았을 질문이다. 이러한 질문의 배경에는 기독교와 문화를 분리된 것으로 보는 이원론이 자리를 잡고 있다. 한국교회는 세대 주의적 전천년설의 영향으로 성과 속을 구분하는 이원론적인 세계관에 사로잡혀 있다. 종교개혁은 거룩한 것과 거룩하지 않은 것을 분리하는 중세의 이원론적인 세계관을 거부하고, 모든 것이 거룩한 것이라 보았다. 직업적 소명설과 만인 제사장 설이 여기서 출발한다. 그리스도인으로서 우리의 사명은 모든 것 속에서 그리스도의 주권을 선포하는 일이다. 아브라함 카이퍼(Abraham Kuyper, 1837~1920)는 영역주권이라는 개념을 가지고 크리스천 예술가들의 예술적 작업의 정당성을 강조하면서, 크리스천 예술가들은 예술적 작업을 통해 하나님을 영화롭게 함과 동시에 부패한 세계가 줄 수 없는 더 높은 실재를 이 세상에 보여주어야 한다고 말했다. 이 책은 자신의 예술적 작업을 통해서 하나님과 세상을 향한 마음을 담아내고자 했던 예술가들을 소개하고 있다. 지난 해 출간된 『기독교 미술 이야기 : 여섯 개의 시선』이 기독교미술을 바라보는 여섯 명의 시선을 담아낸 것이라면, 이번에 발간되는 『기독교 미술 이야기 2 : 7인의 컬렉션』은 예술가들의 시선을 소개한다. 이 책은 작가가 바라본 시대가 담겨있는 그림을 소개하고, 세상을 바라보는 작가의 시선이 담겨있는 글을 소개하고 있다.

라영환 교수는 예술작품에는 작가의 세계관이 반영되어 있음을 강조하며 모더니즘 이후 서구 미술이 모더니즘의 토대 위에 어떻게 전개됐는지를 보여준다. 그는 크리스천 예술가들에게 예술은 하나님을 섬기는 방식이며, 크리스천 예술가들은 예술적 작업을 통해 하나님의 부르심에 응답하는 것임을 역설한다. 그리고 기독교미술의 역할은 세상에 답을 하는 것이 아니라 세상이 잊어버린 질문을 일깨우는 데 있다는 점을 상기시켜 준다.

서성록 교수는 〈한국 기독교 미술의 형성과 전개〉에서 기독교 정신에 따라서 창작 생활을 해온 작가들이 확립한 문화로 '구속의 아름다움'을 제시하고 있다. 문화의 타락에 직면하여 창조 질서에 따라 문화 돌봄의 역할을 감당해 내고, 세상 문화에서는 볼 수 없던 대안적 모델을 제시해야 할 책임을 지고 있는 한국 기독교미술 작가들을 살핀다. 김은호, 김기창, 이은선, 김기창, 박수근, 김학수, 김흥종, 홍종명, 이명의, 신영헌, 박종배, 김영길, 최병상, 윤영자, 김정숙, 장운상, 이정수, 천병근, 김영재 등의 작품을 시대별로 소개하면서 한국 기독교미술의 역사적인 흐름을 돌아보고 앞으로 나가야 할 과제는 무엇인지 제시한다.

김진명 교수는 예수 그리스도를 한국 풍속화로 표현하고자 했던 두 화가, 운보 김기창과 혜촌 김학수의 작품을 비교 분석했다. 〈운보 김기창과 혜촌 김학수의 성경 읽기와 그리기〉에서 미술작품에 나타난 기독교 신앙과 성경 본문 해석의 한국적인 토착화를 시도한 두 작가 작품의 의미를 신학적인 의의로 밝혀낸다.

안용준 박사는 〈한스 로크마커, 현대 개혁주의 미술사의 여명〉에서 한 시대가 공유하는 미술적 취향으로 미술작품 안에 담긴 가치의 통일성과 차이를 설명하며 개혁주의 세계관의 관점에서 '회복의 미학', '영성의 미술론', '창조성의 회복'을 미학 이론으로 삼고 있는 로크마커를 소개한다. 로크마커를 통해 저자는 미술작품에도 영적이며 동시에 미학적 진리와 동일한 가치가 내재한다는 사실을 강조하고 있다.

유경숙 작가는 〈렘브란트와 샤갈의 '이삭의 희생' 해석〉에서 창세기 22장을 표현한 두 작가의 그림에 담긴 시선을 소개한다. 렘브란트가 하나님과의 친밀한 사랑의 관계 속에서 사랑하는 아들을 하나님께 드린 아브라함의 믿음과 이삭의 순종, 하나님이 주신 구원의 은혜를 이야기하고 있다면, 샤갈의 그림에는 십자가를 지고 가는 예수 그리스도가 예표 되어 있음을 설명하며, 21세기를 살아가는 우리에게도 여전히 예수 그리스도가 베푸신 구원의 은혜가 필요함을 강조한다.

서현주 박사는 〈윌리엄 홀먼 헌트: 세상을 비추는 종교화를 추구한 화가〉를 통해 작가가 살던 동시대인들의 가슴에 다가갈 수 있는 그리스도상을 창안한 헌트의 작품을 소개한다. 기존 종교화의 상징성을 가져와 주변 사물을 통해 정교한 상징 의미를 소개하고, 그리스도의 삶을 실감 나게 묘사한 회화적 방식에 드러난 역사와 현재에 살아계신 예수 그리스도를 그림으로써 일상을 살아가는 그리스도인들에게 전하고자 하는 메시지를 설명한다.

서나영 박사는 〈새로움, 미술과 창조적 영성〉을 통해 예술적 능력의 근원인 하나님께로 나아가도록 안내한다. 날마다 변하는 새로운 미술의 세계에서 일어나는 창조의 경험 곧, 기독교미술의 영성은 새로움의 근원인 하나님의 영과 소통하는 것에서 시작한다고 말하고 있다.

7인의 작가가 선정한 작품 속의 시선은 이 책을 관통하는 주제이다. 책을 읽다 보면 각 시대를 향한 하나님의 마음이 담겨있는 그림들이 있음을 깨닫게 된다. 이 책에 등장하는 하나님을 바라보고자 노력한 작가의 시선, 역사를 주관하시는 하나님 아버지의 시선까지 모두 닿을 수 있기를 바란다.

라영환 교수
총신대학교

CONTENTS

발간사   4
추천사   6
서문   10

제 1 장   기독교 미술 이야기: 예술과 세계관   16
               라영환

제 2 장   한국 기독교 미술의 형성과 전개   44
               서성록

제 3 장   운보 김기창과 혜촌 김학수의   82
               성경읽기와 그리기
               김진명

제 4 장   한스로크마커, 현대 개혁주의 미술사의 여명   100
               안용준

제 5 장   렘브란트와 샤갈의 '이삭의 희생' 해석   132
         유경숙

제 6 장   윌리엄 홀먼 헌트: 166
         세상을 비추는 종교화를 추구한 화가
         서현주

제 7 장   새로움, 미술과 창조적 영성   186
         서나영

                              미주   206
                              참고문헌   222

01

라영환

| 총신대학교 교수

총신대학교에서 조직신학을 가르치며 후학양성을 위해 힘쓰고 지속적인 연구로 학술 활동을 이어가고 있다. 현재 한국기독교미술인협회 이론분과 위원장을 역임하며 기독교미술문화의 발전과 기독교인으로서 문화적 소명을 성취해 나가도록 이끌어가고 있다. 저서로는 『모네, 일상을 기적으로』, 『반 고흐의 예술과 영성: 반 고흐 꿈을 그리다』, 『개혁주의 조직신학개론』 등이 있다.

기독교 미술 이야기
: 예술과 세계관

곰브리치Ernst Hans Joseph Gombrich는 "미술(Art)이라는 것은 사실상 존재하지 않는다. 다만 미술가들이 존재할 뿐이다."라고 주장했다.[1] 그의 지적과 같이 기독교 미술이란 단지 우리의 개념 속에서만 존재하는 것일 수 있다. 영어에서 우리가 사용하는 기독교 미술이라는 말과 가장 근접한 표현은 기독교 예술(Christian Art)일 것이다. 기독교 예술이란, 글자 그대로 기독교인이 하는 예술 행위이다.[2] 따라서 기독교 미술의 정의에 관한 질문은 필연적으로 그 예술 행위의 주체인 예술가와 연결될 수밖에 없다. 이런 관점에서 보자면 기독교 미술은 크리스천 미술가들에 의해 이루어진 예술 행위들이라고 정의 내릴 수 있다. 따라서 기독교 미술의 첫 번째 전제는 크리스천 미술가에 의해서 이루어진 예술 행위가 된다. 하지만 크리스천 미술가에 의해 이루어진 모든 예술 행위가 기독교 미술이 되는 것은 아니다. 이러한 사실은 우리에게 기독교 미술을 규정짓는 또 하나의 준거점에 관한 질문을 던진다. 이것과 관련해 어떤 이들은 그 표현하고자 하는 대상이 기독교와 관련될 때 기독교 미술이라 불릴 수 있다고 주장한다. 하지만 사용된 이미지에 따라 기독교 미술인가 아닌가를 결정하는 데는 상당한 어려움이 따른다. 어떤 작품들은 기독교적 이미지를 사용하면서도 비기독교적일 수도 있고, 또 반면에 기독교적인 이미지를 사용하지 않으면서도 기독교적인 메시지를 담아낼 수 있기 때문이다. 힐러리 브랜드Hilary Brand와 아드리엔느 채플린Adreinne Chaplin은 그림에 사용된 이미지가 그림의 성격을 결정짓는 요소이기는 하지만 그것이 기독교 미술을 규정하는 절대적인 기준이 될 수 없음을 주장한다.

만약 대상이 기독교 미술을 규정하지 못한다면 또 다른 기준은 무엇인가? 기독교 미술과 일반 미술을 구분하는 기독교 미술의 특별한 형식이 존재하는가? 기독교 미술이라고 해서 일반 미술과 다른 특별한 형식이 요구되는 것이 아니다. 물론 르네상스, 바로크, 로코코 미술의 경우 기독교적인 주제를 표현하는 독특한 방식이 존재했다. 한때 빛은 성, 속 혹은 영원과 시간의 관계를 나타내기 위해 사용되기도 했다. 하지만 현대미술에 있어서 빛은 더는 거룩이나 영원성을 나타내는 도구가 아니다.

그러면 무엇이 기독교 미술인가? 그 기준은 주제라고 할 수 있다. 즉, 그림이 담고 있는 주제가 그 작품이 기독교 미술인지 아닌지를 결정한다는 말이다. 힐러리 브랜드Hilary Brand와 아드리엔느 채플린Adreinne Chaplin은 기독교 예술에 대한 소극적인 이해-그 영역을 예배나 전도의 영역에 제한하거나 기독교적인 이미지나 주제를 다루어야 한다는 견해-를 극복하고, 일반 예술의 영역 속에서 적극적으로 기독교적인 가치를 담아내야 할 것을 역설한다.[3] 한스 로크마커Hans Rookmaaker 역시 대상과 형식을 제한하는 기독교 예술에 대한 편협한 이해를 넘어설 것을 촉구한다.

기독교 예술은 별다르지 않다. 그것은 하나의 건전하고 건강하며 이로운 예술일 뿐이다. 또한 실재에 관해 애정 어린, 동시에 편견 없는 관점을 지니고 있으면서 선하고 참된, 무엇보다도 하나님께서 정하신 실재의 구조에 부합한 예술이어야 한다. 어떤 면에서는 기독교 예술이라고 특별히 분류할 것도 없다. 우리는 오직 좋은 예술과 나쁜 예술을, 즉 실재에 대한 통찰력이 의심되고 그릇된 예술로부터 건전하고 정당한 예술을 구별할 수 있을 뿐이다.[4]

기독교 예술과 일반 예술에 대한 로크마커의 지적은 우리에게 기독교 예술의 추구는 심미적 가치를 넘어선다는 것을 가르쳐 준다. 하지만 그것을 넘어선 지향점에 대해서는 충분히 보여주지 못했다는 한계를 갖는다. 리처드 해리스Richard Harris 역시 기독교 미술의 가능성을 심미성에 기초해 역설했지만, 안타깝게도 기독교 미술은 단순한 심미적 가치를 넘어서서 타자에게 생명과 소망을 주는 역할까지는 나아가지 못했다.[5]

현대미술이 언제, 누구에 의해서 시작되었는가에 대해 의견이 분분하지만, 현대미술의 특징이 예술의 자율성 강조와 기존의 실재에 대한 비판이라는 점에 대해서는 대부분 동의한다. 이러한 현대미술의 특징을 잘 드러내는 단어가 있는데 바로 아방가르드avant-garde이다. 아방가르드란 기존의 체계를 거부하고 새로움을 추구하는 예술의 형태이다. 모더니즘이 등장하기 전까지 미술가들은 그 이전의 주제들이나 방식들과의 일정한 연속성을 보이면서 자신만의 독특한 화풍들을 개발했다. 하지만 모더니즘의 영향을 받은 미술가들은 과거와의 연속성보다는 과거와의 단절을 통해 자신의 예술성을 이루고자 했다. 현대예술의 이러한 아방가르드적인 특성은 예술을 신앙으로부터 분리했다.

하이데거가 지적한 바와 같이 인간은 현존재(Dasein, being in the world)로서 자기가 사는 세계와 불가분하게 연결돼 있다. 마찬가지로 한 예술가의 사상 혹은 활동도 그가 인식하든 인식하지 못하든 자기가 사는 세계와 밀접한 관계를 맺고 있고, 그가 의도하였든 의도하지 않았든 간에 자기가 살던 시대를 반영한다. 르네상스의 예술작품과 19세기 프랑스를 중심으로 일어났던 인상주의 작품에는 모더니즘의 특징인 인간의 자율성, 역사에 대한 낙관적인 이해, 초월에 대한 거부 그리고 진보에 대한 신념과 같은 것이 반영돼 있다. 이에 예술작품들을 통해서 르네상스-계몽주의 이후로 진행됐던 모더니즘과 포스트모더니즘의 특징들이 어떻게 오늘날 삶의 파편화라는 병리적인 현상을 가져왔는지를 고찰하고자 한다.

르네상스: 인간 세계의 중심에 서다

모더니즘의 토대가 되는 르네상스Renaissance는 중세의 사고와 궁극적으로 다른 근본적인 변화를 가져왔다. 르네상스가 그 이전의 세기와 비교해 볼 때 가져온 가장 커다란 변화는 인간에 대한 이해였다. 인간을 자연 혹은 우주와의 관계 속에서 이해했던 중세와 달리 이 시기의 사람들은 인간을 중심으로 세상을 이해하기 시작했다. 특별히 이 시기 예술가들의 작품 속에서 그 변화가 두드러지게 나타났다. 이러한 변화는 부분적으로는 토마스 아퀴나스Thomas Aquinas, 1225~1274의 아리스토텔레스 철학의 수용에 기인한 것으로 라파엘로Raphael, 1483~1520의 「아테네학당The School of Athens, 1511~1512」에 잘 나타난다.

라파엘 「아테네학당」
1509~1511, 프레스코, 500×770cm, 바티칸 박물관

이 작품은 르네상스 시대의 정신을 잘 표현한 대표적인 예술작품 중 하나이다. 벽화 중앙에 플라톤과 아리스토텔레스가 서 있는데, 흥미로운 점

은 그가 이 둘을 묘사하면서 의도적으로 서로 대칭되게 표현했다는 사실이다. 플라톤은 나이가 든 지혜로운 노인의 모습으로, 아리스토텔레스는 그보다 약간 앞에 서 있는 성숙한 모습으로 그렸다. 플라톤은 손가락 하나를 위로 가리키고 있고, 아리스토텔레스는 아래를 가리키고 있다. 이들의 손가락이 각각 위와 아래를 향한 것은 형상과 질료에 대한 각각의 견해를 표현하는 것이기도 하다. 16세기 초반에 그것도 성당 벽화에 아리스토텔레스가 등장할 수 있었던 이유는 아퀴나스가 아리스토텔레스의 철학을 수용했기 때문이다.

아퀴나스는 아리스토텔레스의 개별적 사물에 대한 강조를 중세 후기 철학에 도입했고, 이것은 르네상스의 시기에 와서 인간 이해에 대한 변화를 가져왔다. 라파엘은 플라톤보다 아리스토텔레스를 더 젊게 그리고 앞에 위치시킴으로 아리스토텔레스 사상의 등장을 알리고 있다.

이 시기 사람들의 관심은 은총에서 자연으로 옮겨졌다. 자연에 대한 강조는 르네상스 예술의 주요한 특징이 된다. 이 시기 사람들의 관심은 영원에서 현실로, 하나님으로부터 인간으로 옮겨진다. 다빈치의 「비트루비우스적인 인간(Vitruvian Man)」(1487), 해부학 시리즈 등은 이러한 관심의 변화를 잘 보여준다. 보편에서 개체의 의미를 찾고자 했던 플라톤적 세계관과 달리 르네상스 시기의 예술가들은 아리스토텔레스의 영향을 받아 개체의 의미를 찾고 각각의 개별자에게 초점을 맞췄다. 개인에 대한 이러한 인식의 전환은 그들이 고대 그리스-로마문화에 관심을 두게 했고, 그 속에서 자신들의 예술적 영감을 얻게 했다. 르네상스 시대의 예술가들은 누구나 할 것 없이 그리스-로마 시대의 작품들을 모방하면서 자신의 예술세계를 펼쳐나갔다.[6] 보티첼리Sandro Botticelli, 1446~1510의 '비너스의 탄생'은 여러 면에서 주목할 만하다. 그는 이 작품을 통해 인간의 위대함과 아름다움을 강조했던 그리스-로마의 부흥(Renaissance)을 꾀하고자 했다.

　레오나르도 다빈치Leonardo da Vinci, 1452~1519 역시, 중세의 인간 이해를 거부하고 인간의 아름다움을 찾고자 했던 화가들 가운데 하나였다. 그의 대표적인 스케치 가운데 하나인 「비트루비우스적 인간」은 인간의 이상화를 찾기 위한 시도였다. 이 작품은 댄 브라운Dan Brown, 1964~의 『다빈치 코드(The da Vinci code)』라는 소설로 인해 세간의 주목을 받았던 작품이기도 하다. 댄 브라운은 그의 책에서 '비트루비우스적 인간'의 원형을 여성의 자궁으로 보고, 이 원형이 보호를 나타내는 여성적인 상징이라고 주장했다. 그런데 이러한 그의 주장은 미술사에 조그마한 지식만 있어도 알 수 있는 허구이다. 도대체 다빈치가 이 그림을 통해서 무엇을 나타내고자 했을까? 비트루비우스Vitruvius, ?~20 B.C는

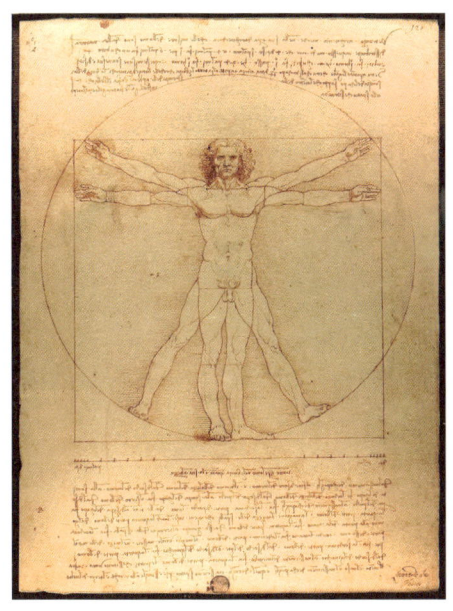

다빈치 「비트루비우스적 인간」
1490, 펜, 갈색 잉크에 종이
아카데미아 미술관, 베네치아

로마의 건축가로 고대의 건축물들에 관한 저술을 남겼다. 이오니아, 코린트식Corinth 기둥과 엔타블러처entablature의 올바른 치수와 비례에 관한 그의 책은 그 이후의 건축가들에게 중요한 기록이 되었다. 다빈치가 이 스케치를 '비트루비우스적 인간'이라고 한 이유가 바로 여기에 있다. 그는 비트루비우스가 그랬던 것처럼 인간의 가장 이상적인 올바른 비례와 치수를 묘사하고자 했다. 그리고 자신이 발견한 가장 이상적인 인간을 스케치한 이후에 그의 이름을 따서 붙인 것이다.

레오나르도 다빈치보다 20세 아래였던 미켈란젤로Michelangelo Buonarroti, 1475~1564 역시 레오나르도와 같이 인간의 아름다움을 표현하는 데 심혈을 기울였다. 그는 레오나르도와 마찬가지로 근육과 힘줄의 움직임으로 인간의 아름다움을 표현하는 고대 그리스와 로마의 조각품을 연구함으로 가장 완벽한 인간의 모습을 표현하고자 했다. 미켈란젤로는 최고의 예술은 돌에 사상이 새겨져 있는 것이라고 믿었다. 이러한 생각은 아리스토텔레스의 사상에서 영향을 받았다. 곰브리치는 미켈란젤로의 조각에 대해 다음과 같이 평가했다. "미켈란젤로는 처음부터 그가 작업하고 있는 대리석 속에 인물이 들어있다고 생각했으므로 조각가로서 그가 해야 할 일은 단지 그들을 덮고 있는 돌을 제거하기만 하면 된다고 생각했다."[7] 미켈란젤로 역시 인간의 몸을 연구하는 데 심혈을 기울였다. 그는 다빈치와 마찬가지로 고대 그리스의 조각들을 연구하면서 가장 완벽한 인간의 모습을 표현하고자 했다. 르네상스는 과거 그리스 문화를 통해서 인간의 재발견을 추구하려고 했다. 이들은 만물이 형상과 질료의 혼합이라는 아리스토텔레스Aristotle, 384~322 B.C.의 사상 속에서 중세를 지배하던 플라톤Plato, 424~347 B.C.의 이원론적인 세계관을 극복할 수 있는 사상적인 토대를 다졌다. 이러한 르네상스적 인간상은 18세기

계몽주의를 지나 과학의 발달, 산업혁명, 진화론 그리고 헤겔의 철학과 같은 것들로 인해 강화되었다. 이 시기 사람들은 역사가 완성을 향해서 나아가고 있다고 굳게 믿었다. 이러한 역사에 대한 낙관적인 이해는 19세기 인상주의의 사상적 토대가 되었다.

팡테옹: 신으로부터의 자유를 선언하다

모더니즘의 근저에는 신으로부터의 자유가 깔려있다. 모더니즘의 이러한 세속화 경향은 프랑스 대혁명을 통하여 가속화되었다. 프랑스 대혁명의 기치는 자유(Libert), 평등(Galit) 그리고 박애(Fraternit)이다. 여기서 말하는 자유는 표면적으로는 개인의 존엄성을 이야기하지만 좀 더 주의 깊게 살펴보면 그것이 신으로부터의 자유를 말하는 것임을 발견할 수 있다. 팡테옹Pantheon이 그 대표적인 예이다. 팡테옹은 프랑스 대혁명이 일어나기 전에 생뜨 주느비에브(Sainte-Geneviève)를 기념하기 위해 루이 15세Louis XV, 1710~1774가 건립한 교회였다.[8] 흥미로운 사실은 프랑스 대혁명 이후 혁명의 주체 세력들은 이곳을 교회가 아닌 혁명가를 기리는 무덤으로 만들어 버렸다는 점이다.[9]

프랑스 대혁명 이후 팡테옹으로 바뀐 생뜨 주느비에브 성당Abby of Sainte-Geneviève이 로마의 판테온Pantheon 신전을 모방했다는 사실은 하나의 아이러니라 할 수 있다. 서양 건축사가 리제베로Bill Resebero는 팡테옹의 이러한 특성에 대해서 다음과 같이 지적했다.

이 건물은 뒤에 국가 사원이 되어서 팡테옹이라는 이름으로 알려지게 된 건물로서 창을 배제한 벽으로부터 중심의 돔과 열주식의 포티코에 이르기까지 로마 판테온 신전의 분위기를 그대로 재현한 작품으로서, 디테일의 차이를 생각하지 않는다면 로마의 판테온 신전을 그대로 옮겨 논 듯한 착각에 빠진다.[10]

여기서 우리는 다음과 같은 질문을 던지게 된다. 수플로(Jacques-Germain Soufflot, 1713~1780)가 생뜨 주느비에브 성당을 설계할 때 로마의 판테온 신전을 모방한 이유가 무엇일까? 앞에서 고찰한 바와 같이 르네상스 계몽주의로 이루어지는 시대적 흐름은 고대 그리스와 로마 속에서 자신들이 그리는 이상적인 인간상을 발견하고자 했다. 이러한 사상적 경향성은 '고대'로의 복귀라는 신 고전주의 건축 양식의 등장을 가져왔다.[11] 그뿐만 아니라 18세기의 지배적 사상이었던 계몽주의는 이성과 합리성에 기초한 예술적 욕구를 만들어 냈는데, 이러한 욕구는 가장 합리적이고 규칙적이며 원리에 충실하다고 평가받는 그리스와 로마의 건축에 관한 관심으로 이어졌다. 이러한 시대적 배경 속에서 수플로는 고전주의 건축의 미학적 효과를 고딕건축의 양식과 결합하는 신고전주의 양식을 채택했다.

팡테옹 파리

1789년 7월 14일 파리 민중들에 의해 시작된 프랑스 혁명은 기존의 정치체계와 근본적으로 다른 새로운 체계를 형성했다. 1789년 8월 26일 발표된 『인간과 시민의 권리선언(Déclaration des Droits de l'Homme et du Citoyen)』은 구체제에서 정치적 객체로 존재하던 사람들이 국민이라는 이름으로 정치적 주체로 등장하는 이념적 토대가 되었다. 이들은 과거 르네상스 시대에 군주들이 문화를 자신들의 권력을 유지하기 위한 도구로 사용했던 것처럼 문화를 자신들의 권력을 정당화하기 위한 수단으로 이용했다. 그리고 팡테옹은 이러한 이들의 의도에 정확하게 부합했다. 생뜨 주느비에브 성당은 루이 15세의 왕권 강화의 시도와 밀접한 관련이 있다. 따라서 혁명 세력은 왕권을 상징하는 생뜨 주느비에브 성당을 대체할 이미지가 필요했다. 그들은 이 건물이 로마의 판테온 신전과 유사하다는 사실에 초점을 맞추고 이를 대체하는 작업을 시작한다. 혁명 세력의 일원으로 국민의회 일원이었던 빌레트 후작

볼테르의 무덤 팡테옹, 파리

marquis de Charles Villette, 1736~1793은 지방의 한 작은 수도원에 안치되어 있던 자신의 친구 볼테르Voltaire의 유해를 생뜨 주느비에브 성당에 옮겨야 한다는 청원서를 의회에 제출하면서 다음과 같이 주장했다.

수많은 자유의 금언을 우리에게 전수해 준 그리스와 로마의 후예가 되고 유럽의 모범이 되고자 한다면, 이 성당을 종교적 성인의 공간으로 삼아서는 안 될 것입니다. 프랑스의 빵떼옹이 되어야 합니다. 그 성당이 우리의 위대한 인물들의 동상으로 채워지길 바라며 성당의 지하가 그들의 유해를 간직하길 원합니다.[12]

혁명의 주도 세력들은 이곳에 볼테르Voltaire, 1694~1778, 루소Rousseau, 712~1778 등과 같은 계몽주의자들의 유해를 묻었다. 하나님을 예배하는 자리에 위대한 인물의 유해를 안치하고 그 이름을 '팡테옹*(신들이 거하는 곳)*'이라고 명명한 것은 인간이 신의 자리를 대체한다는 18세기의 이상을 그대로 보여준다고 할 수 있다. 이것은 모더니즘의 세속화 혹은 신으로부터의 자유라고

하는 특성을 이해하는데 결정적인 단서를 제공한다. 생뜨 주느비에브성당이 팡테옹으로 바뀌는 과정에서 우리는 르네상스로 시작된 일련의 움직임이 계몽주의를 거치면서 모더니즘이라는 사상적인 체계로 뿌리를 내리는 것을 보게 된다. 이 시대에 이르러 신(God)은 더는 설 자리를 잃어버리고, 인간이 신의 자리를 대체하게 된다.

인상주의: 영원에서 지상으로

모더니즘은 현대예술의 발전에 상당한 영향을 끼쳤다. 현대예술에 모더니즘의 특징들이 반영되었는데, 특별히 19세기의 인상주의 화가들의 작품 속에는 산업혁명과 다윈의 진화론, 그리고 헤겔의 변증법에 기초한 19세기의 이상들이 그대로 반영돼 있다. 그것은 진보에 대한 신념과 역사에 대한 낙관적인 이해, 그리고 현재에 대한 강조였다. 사진기의 발명은 시간과 영원의 관계에 대한 새로운 이해를 갖게 했다. 바로 시간의 평면성이다. 사물을 평면으로 표현하는 사진은 이 시기 화가들에게 시간의 평면성과 현재성을 자각하게 했다. 전통적으로 원경과 중경은 화가들이 거리와 시간을 표현하는 중요한 도구였다. 그런데 이 시기에 오면서 변

마네 「피리 부는 소년」
1866, 유채에 캔버스, 160×97cm
오르세 미술관, 파리

화가 생겼는데, 그 예로 마네(Edouard Manet, 1832~1883)의 「피리 부는 소년(The Fifer)」을 들 수 있다. 마치 입체감이 없는 평면 구조로 사물을 묘사하려는 시도들이 생기기 시작했다는 사실이다. 그림에서 원경과 중경이 사라진다는 것은 어떤 면에서는 가까운 미래와 먼 미래가 아무런 의미가 없이 사라짐을 의미한다. 미래보다는 지금 내 눈 앞에 펼쳐진 현재가 더 중요하게 인식되었다.

이러한 시간의 평면성을 잘 표현한 화가가 클로드 모네(Claude Monet, 1840~1926)이다. 그는 이전의 화가들과 달리 대상을 원근법이 적용되는 공간이 아닌 시간을 통해서도 보고자 했다. 그 대표적인 예가 「루앙 성당(Rouen Cathedral)」이다. 그는 이 작품만 무려 40여 점을 그렸다고 한다. 그가 이렇게 같은 대상을 반복해서 그린 이유가 무엇일까? 그는 이 작품을 통해 하루 동안 빛에 따라 변하는 루앙 성당의 분위기와 톤, 그리고 명암등을 표현하고자 했다. 이를 통해 그가 발견한 것은 대상 혹은 순간의 개별성과 독특성이었다. 그의 눈에 비친 성당의 외양은 시시각각으로 변하는 순간 가운데 하나였다. 그는 이렇게 사물의 불연속적인 순간을 화폭에 담음으로써 대상은 정적인 것이 아니라 순간순간 변화하는 것이며, 각각의 순간들은 그 자체로 독특하고 특별하다는 것을 표현하고자 했다. 이러한 그의 시도는 진리에 대한 모더니즘의 이해와 일치한다. 그 이전의 화가들이 변치 않는 곳에서 진리를 추구한 것에 반해, 진리란 변화하는 순간 속에 있음을 표현하고자 한 것이다. 변화하는 순간들에 대한 이러한 강조는 사물의 본질(Essence)과 그것의 드러남(Appearance)이 다르지 않다는 인식의 토대 위에 형성됐다. 이러한 그의 인식은 모네가 대상의 순간적인 인상에 관심을 두게 했고, 그는 자기 작품을 통해 순간의 개별성과 독특성을 나타내고자 했다.

모네 「루앙 성당, 석양」
1894, 유채에 캔버스, 107×73.5cm
오르세 미술관, 파리

순간에 대한 이러한 강조는 영원에 관한 관심이 사라졌음을 의미한다. 루앙 성당이라는 작품에서 볼 수 있듯이 성당의 가치는 지향하는 미래 혹은 영원에 있는 것이 아니라 그것이 존재하는 현재에 있다는 것이다. 순간의 독특성과 개별성에 대하여 그는 다음과 같이 주장했다.

풍경은 그 자체로 존재하는 것이 아니다. 풍경은 각 순간마다 변화한다. 풍경을 둘러싸고 있는 것들, 예를 들어 공기, 빛과 같은 것들이 그 풍경에 삶을 가져다주는 것이다. 각각의 대상에 의미를 부여하는 것은 그 자체가 아니라 그것을 둘러싸고 있는 대기이다.[13]

이것이 그가 기존의 풍경화와 달리 자신이 그리고자 했던 대상의 순간적인 인상을 강조한 이유이다. 19세기는 진보의 시기라고 할 수 있다. 당시 사람들은 눈앞에 보이는 현실에만 관심이 있었다. 미래의 세계나 죽음 뒤에 오는 영적인 세계에는 관심이 없었다. 시간은 오직 현재에만 의미가 있었다. 그는 이 세상을 보이는 세계와 보이지 않는 세계로 구분하지 않았다. 그에게 중요한 것은 지금 내 눈 앞에 펼쳐진 세계뿐이었다. 이런 이유로 그의 그림에는 영원이나 초월과 같은 주제들이 나타나지 않는다.

18세기 말과 19세기 초는 변화의 시기였다. 전통적인 귀족이라는 계급이 해체되었고, 부르주아Bourgeois 계급이 형성됐다. 많은 사람이 역사상 누려 보지 못했던 물질적인 풍요를 누리게 되었다. 이들이 보는 세상이란 그 전 시대와 비교하여 볼 때 엄청나게 밝은 것이었다. 이러한 역사에 대한 낙관론적인 이해는 그림에도 영향을 주었는데, 화가들은 전통 풍경화의 색채인 흐릿한 녹색과 갈색, 그리고 회색 등을 버리고 더욱 가볍고 밝은 색을 사용했다. 특별히 모네의 「생-라자르 기차역(Le Gere Saint-Lazare, 1877)」은 본 논지와 관련해 상당히 중요한 점을 시사한다. 이 그림의 배경이 되는 생-라자르 기차역은 당시로 본다면 상당히 넓은 판유리와 철골을 주자재로 지은 건물이었다. 그는 다분히 현대적인 이 기차역을 확 트인 채광을 통해 역으로 쏟아지는 햇살과 기차가 뿜어내는 수증기의 어울림을 통해서 재현했다. 19세기 후반기, 기차역이 상징하는 점은 단순히 기차를 타고 내리는 장소만이 아니라 과학 문명과 진보였다. 또한 기차는 그 당시 산업 발전의 정도를 보여주는 문명의 상징이기도 했다. 그와 동시대를 살았던 소설가 에밀 졸라는 "이전의 화가들이 숲과 강을 대상으로 그림을 그리면서 시정을 표현했다면, 오늘날의 화가들은 기차역에서 그것을 발견하게 되었다."라고 말했다. 모네를 비롯한 상당수의 인상주의 화가가 역동성이 넘치고 풍요로운 도시의 생활을 묘사한 것은 주목할 만하다. 이들은 산업사회의 풍경을 그려냄으로 '도시'라는 공간에 내재한 유토피아의 열망을 표현했다.

모네 「생 라자르 역」
1877, 캔버스에 유채, 75×104cm, 오르세 미술관, 파리

20세기 예술: 좌절된 모더니즘의 꿈

19세기의 가장 커다란 특징 가운데 하나는 진보에 대한 신념이었다. 당시 사람들은 역사는 완성을 향해 나아가고 있다고 굳게 믿었다. 과학의 발달과 산업혁명이 가져온 엄청난 진보는 사람들에게 그들이 역사의 마지막 단계에 살고 있다고 생각하게 했다. 그들은 자신들의 물질적 그리고 도덕적인 진보를 통해 초월적인 어떤 세계가 아닌 이 세상 속에 하나님의 나라를 세울 수 있다고 보았다. 그런데 이러한 진보에 대한 신념은 제1차 세계대전으로 인해 무참히 깨져버렸다. 1914년 8월, 제1차 세계대전의 서막을 알리는

총성은 19세기를 지배하던 역사에 대한 낙관론적인 이해의 종말을 고함과 동시에 그 뒤를 잇는 시대정신의 등장을 알렸다. 즉 모더니즘의 바탕을 이루던 인간의 자율성과 진보에 대한 신념은 더는 20세기 사람들에게 설득력 있게 들리지 않았다.

피카소Pablo Picasso, 1881~1973의 「아비뇽의 여인들(Les Demoiselles d'Avignon)」(1906~1907)은 인본주의적 희망 위에 세워진 르네상스적 예술과 완전한 결별을 선언하는 것이었다. 쉐퍼Francis A. Schaeffer는 이 그림이 인간성의 파편화(Fragmentation)를 나타낸다고 봤다. 그는 이 작품의 미술사적 특징을 다음과 같이 설명 한다. "이 그림은 세잔Cézanne의 파편화를 고갱Gauguin의 야만인의 개념에 결합한 후, 당시 파리에서 유행하였던 아프리카의 가면의 형식을 덧붙인 것이다."14) 쉐퍼Schaeffer, 1912~1984의 평가에 대해선 논란의 여지가 있겠지만, 20세기 미술의 주요한 특징 가운데 하나가 인간성의 파편화라는 사실을 지적한 것은 본 논지와 관련해 상당히 중요한 의미가 있다.

피카소 「아비뇽의 여인들」
1907, 캔버스에 유채
243.9×233.7cm, 뉴욕 현대 미술관

이러한 인간의 파편화라는 주제는 마르셀 뒤샹Marcel Duchamp, 1887~1968「계단을 내려가는 누드(Nude Descending a Staircase)」(1912)에도 등장한다. 인간의 파편화에 대한 묘사는 모더니즘의 이상이었던 자신의 힘으로 희망찬 미래를 건설할 수 있다는 이상적인 인간상에 대한 신념이 무너져 버렸음을 보여준다. 프란시스 베이컨Francis Bacon, 1909~1992의 작품에는 인간과 고깃덩어리가 주요한 테마로 등장한다. 그의「Painting」이라는 작품에서 인간은 단지 고깃덩어리로 묘사될 뿐이다. 이제 인간은 보티첼리의 비너스 혹은 르네상스 화가들이 그리고자 했던 아름다운 존재가 아니었다. 그에게 있어서 인간은 단지 고깃덩어리에 불과한 것이었다. 가죽만 남긴 채 목에 달린 시체를 작품화한 마크 퀸Mark Quinn의「비가시적 도피 수단」, 그리고 죽은 아버지의 나신을 실리콘과 아크릴 그리고 자기 머리카락을 이용해 정확히 실물 크기의 2/3로 복제한 론 뮤엑Ron Mueck의「죽은 아버지(Dead Dad)」와 같은 작품들은 이 시대의 인간에 대한 이해를 잘 보여주고 있다.

20세기 사람들에게 비친 세상은 19세기 낭만주의 화가들이 보았던 그런 세상이 아니었다. 세상은 더는 그들에게 아름다운 곳이 아니었다는 얘기다. 다빈치가「비트루비우스적 인간」에서 추구한 대칭과 조화와 같은 것들은 20세기에 와서 사라져 버렸다. 잭슨 폴록Jackson Pollock, 1912~1956의 작품은 이러한 변화를 잘 보여준다. 그는 작품에서 보는 것과 같이 캔버스에 물감을 붓거나 떨어트리는 드리핑(Dripping)기법으로 거미줄같이 얽힌 심리적 미로를 표현했다. 바네트 뉴먼Barnett Newman, 1905~1970이 미술이 미(美)의 문제에 관심을 가져야 한다는 것을 부정한 것도 이러한 이유였다.[15]

이러한 변화는 음악의 분야에서도 동일하게 일어났다. 쇤베르크Schön-berg, 1874~1951와 스트라빈스키Stravinsky, 1882~1971의 작품이 그 한 예이다. 고전주

잭슨 폴록 「가을의 리듬(넘버 30)」
1950, 캔버스에 페인트, 266.7×525.8 cm, 뉴욕현대미술관

의에서 음악은 하나의 완전한 미적 대상이었기 때문에 화음계의 올바른 사용을 통한 형식적인 아름다움을 추구했다. 그런데 쇤베르크는 오랫동안 보편적인 척도로 여겨졌던 화음 체계를 벗어난 곡을 만들었다.[16] 그의 음악에서는 이전의 음악에서 강조되었던 부분 간의 비례에 따른 전체적인 조화를 찾아볼 수 없다. 스트라빈스키 역시 음악 자체의 형식적인 아름다움을 포기했다. 그리고 이질적인 선율과 리듬 그리고 비트 등을 사용해 마치 잭슨 폴록이 표현하고자 했던 무작위적인 우연한 행위를 나타내고자 했다.

이들의 음악에 대한 이해는 후에 힙합이라는 대중음악에서 꽃을 피운다. 힙합은 기존의 화음 중심의 음악의 패러다임을 완전히 바꾸어 놓았다. 힙합은 정박자에 의존하는 기존의 서양음악과 달리 엇박자와 불규칙한 리듬, 즉 흥성을 강조했다. 백남준의 비디오 아트도 이런 의도된 의식보다는 무의식, 필연적인 계획보다는 우연, 그리고 균제보다는 파격을 추구했다. 음악에 나

타난 파편화가 그림에 나타난 파편화와 비슷하다는 사실은 상당히 중요한 의미가 있다. 이러한 변화는 단지 기법이 바뀐 것이 아닌 어떤 세계관의 표현임을 알아야 한다. 20세기 예술 전반에 나타났던 이러한 변화는 모더니즘의 붕괴와 밀접한 관계가 있다. 피카소의 「아비뇽의 여인들」에서 시작된 삶의 파편화는 문화 전반으로 확산했다.

칸딘스키 「무제」
1910~1913, 수채, 49.6×64.8cm, 퐁피두 센터, 파리

20세기에 일어난 또 다른 변화는 객관에 대한 인식의 변화였다. 19세기까지 사람들은 객관 혹은 확실성을 추구했다. 구스타프 쿠르베Gustave Courbet, 1819~1877는 객관에 대한 이 시대의 신념을 보여주는 좋은 예가 된다. 그는 눈에 비치는 그대로 그리는 것이 화가의 사명이라고 믿었다. 그에게는 아름다움이 아니라 객관적 진실이 중요했다.[17] 그에게 있어서 그림은 현실적으로

존재하는 것을 표현할 수밖에 없고, 따라서 추상적인 것, 보이지 않는 것, 존재하지 않는 것은 그림의 주제가 될 수 없었다.

그런데 20세기에 들어오면서 확실성에 대한 19세기의 이러한 환상은 여지없이 무너져 버렸다. 칸딘스키Wassily Kandinsky, 1866~1944는 말한다. "한 가지 분명해진 게 있다. 즉, 객관성이나 대상에 대한 묘사 따위는·내 그림에서 더 이상 중요하지 않다. 그것은 오히려 내 작업에 해로울 뿐이다."[18] "이전의 조화가 사라지고 난 후에 오직 두 개의 가능성만 남았는데 그것은 초자연주의 아니면 극단적 추상주의다."라는 칸딘스키의 말은 20세기 현대예술을 이해하는 중요한 실마리가 된다.[19]

20세기에 들어서서 나타나는 두드러진 현상 가운데 하나는 그림이 더는 사물의 재현을 목표로 삼지 않는다는 것이었다. 물론 그것은 전술한 바와 같이 눈에 보이는 세계에 대한 인식의 변화에 기인한 것이기도 했다. 회화는 객관적인 대상의 재현이 아닌 화가 개인의 주관적인 감정이 표현된 것으로 이해되었다. 에드바르트 뭉크Edvard Munch, 1863~1944의 「절규(The Scream, 1895)」는 이러한 변화를 잘 보여준다. 그는 이 작품에서 갑작스럽게 일어난 정신적인 동요가 우리의 감각적인 인상을 어떻게 변화시키는가를 표현하고자 했다. 배경은 그 그림을 보는 사람의 시각이 아닌 고통 혹은 두려움 속에서 절규하는 사람의 관점에서 묘사되었다. 그의 그림을 보는 사람들에게는 이 모든 장면이 만화처럼 보일지 모르지만, 하늘과 바다, 그리고 다리, 이 모든 것들이 절규의 고통에 참여하고 있다.

객관에 대한 신념이 무너졌다는 것은 곧 확실성이 사라졌다는 것을 의미한다. 이러한 상대주의와 지적인 회의주의는 해체주의에 따라 강화된다. 이들은 세상에는 하나의 중심이 있는 것이 아니라 다양한 관점이 있다고 보았다. 볼프강 이저Wolfgang Iser, 1926~2007는 "텍스트는 결정된 의미가 없고, 그 의미를 생산하기 위해 독자에게 의존한다."라고 주장했다.[20] 롤랑 바르테스 Roland Barthes, 1915~1980 역시 텍스트의 다원주의적인 성격을 강조했다. 텍스트의 의미는 독자의 관점과 관계되기 때문에 그 의미의 개수가 독자만큼 많아지게 된다.[21] 이전의 텍스트 해석에 있어서 중요한 것은 저자 혹은 텍스트의 세계였다. 그러나 해체주의에 와서는 저자와 텍스트는 해석에 있어서 그 중요성을 점차로 상실하게 된다. 자크 데리다Jacques Derrida, 1930~2004에 의하면 인식의 과정에 나타나는 것은 실재를 해석하는 해석자의 관점뿐이다.[22] 따라서 객관적인 지식 혹은 확실성이란 존재하지 않는다. 리차드 로티Richard Rorty, 1931~2007 역시 전통적인 진리에 대한 개념에 도전했다. 그는 진리에 대한 추구를 포기할 것을 요구하며 단지 해석에 만족할 것을 주장했다.[23]

뭉크 「절규」
1893, 카드보드에 유채
파스텔, 크레용, 91×73.5cm
오슬로국립미술관, 노르웨이

지금 우리는 혼돈의 시기를 살고 있다. 지금까지 살펴봤던 것처럼 20세기 이후 서구를 중심으로 나타난 예술의 담론들은 큰 혼돈에 직면해 있다. 이러한 혼돈의 중심에는 상대주의가 자리 잡고 있다. 어떤 것의 옳고 그름이라고 하는 것은 단지 그것이 일어나는 지역과 문화 안에서의 문제일 뿐, 그것을 벗어나는 초 문화적인 객관성은 존재하지 않는다는 얘기다. 어떤 것의 옳고 그름을 판단하는 것 자체가 의미 없어졌다. 각자 자기가 하고 싶은 것을 하면 되는 세상이 돼버린 것이다. 하나님으로부터의 자유를 선언한 인간은 자유라는 이름으로 선택과 관련된 모든 속박과 제한을 철폐하고 있다. 앞서 살펴본 것과 같이 예술은 하고 싶은 것을 제한 없이 마음껏 할 수 있도록 허용된 장으로 인식되고 있다. 그러나 이렇게 욕망이 제한 없이 승인된 결과는 염세주의와 허무주의였다.

안드레 세라노Andres Serrano, 1950~는 소변, 젖, 혈액, 정액 등과 같은 신체의 분비물을 그의 주요 작품 소재로 삼았다. 그가 이러한 재료들을 사용한 것은 인간이 신의 형상을 닮은 영적인 존재라는 것을 부인하고 동물적이라는 것을 최대한 드러내기 위함이었다. 빔 델보예Wim Delvoye, 1965~는 「클로아카(Cloaca)」라는 설치작품에서 인간을 다음과 같이 표현했다. 파란 불이 들어오면 기계가 먹을 준비를 한다. 음식물이 음식물 분쇄기 안으로 주입된다. 분쇄기 안에서 나온 음식은 산, 췌장액, 담즙액과 같은 인간의 소화액과 동일한 것이 들어있는 가지런히 배열된 여섯 개의 병 안으로 차례로 들어간 후에 배설물로 나온다. 델보예의 '클로아카'는 이 시대의 인간상을 그대로 보여주고 있다. 인간은 영적인 존재나 다른 어떤 것과 구별된 특별한 존재가 아닌 섭취한 음식물을 배설물로 만드는 존재일 뿐이다. 20세기 후반에 들어와서 현대미술이 죽음과 그 신체적 편린들, 곧 시체나 두개골, 내장 기관들,

소변, 혈액, 정액과 같은 각종 분비물을 사용하는 것은 모더니즘의 종말과도 밀접한 관계가 있다. 르네상스 이후 인간은 자신을 자율적인 존재로 높였지만, 그 마지막 결과는 미켈란젤로의 '다비드'가 아니라 자신에게 아무것도 기대할 것이 없는 절망에 빠진 존재가 되어 버렸다.

예술은 하나님을 섬기는 방식

하나님으로부터 떠난 자유, 자율적인 인간 그리고 진보에 대한 신념과 같은 것들은 모더니즘이 지어낸 하나의 허구에 지나지 않는다. 시편 기자가 말한 "훼방이 내 마음을 상하여 근심이 충만하니 긍휼히 여길 자를 바라나 없고, 안위할 자를 바라나 찾지 못하였나이다(시편 69:20)"라는 고백은 오늘 우리가 살아가는 이 세상의 모습을 잘 보여주고 있다. 예수님께서 수가성 야곱의 우물에서 물을 긷던 여인에게 "지금까지 네가 추구해 온 것들이 일시적으로 너를 만족하게 했을지는 모르지만, 너에게 지속한 만족과 행복을 줄 수 없다. 그러나 내가 네게 주는 물은 네게 지금까지 추구하던 것과 달라서 이 물을 먹는 사람은 영원히 목마르지 않다."라고 하신 것처럼 인간은 오직 하나님으로부터 참된 만족을 얻을 수 있다. 흥미로운 사실은 모더니즘적인 희망이 한계에 다다른 상황 속에서도 인간은 여전히 하나님 없이 스스로 삶을 영위할 수 있다고 생각한다는 점이다. "주는 영이시니 주의 영이 계신 곳에는 자유함이 있느니라(고린도후서 3:17)"라는 말씀처럼 진정한 자유는 오직 하나님으로부터만 나올 수 있다.

그러나 인류는 여전히 하나님이 아닌 다른 것에서 자유를 찾으려고 한다. 신을 떠나 자유와 행복을 추구할 수 있다던 인간이 그것을 이루지 못한다는 것을 깨달은 순간에도 인간은 하나님께로 돌아가지 않고 어둠의 권세 아래 들어가 자신의 도피처로 삼으려 하고 있다.[24] 오늘날 현대예술이 고발하는 인간의 실존은 성경이 말하는 바와 같이 하나님을 떠난 인간이 직면할 수밖에 없는 논리적인 귀결이다.

부르노 카탈라노Bruno Catalano, 1950~의 작품의 주제는 '여행자(Les Voyagers)'이다. 작품에 등장하는 인물은 한결같이 여행은 떠났는데 어디로 가야 할지, 왜 가야 하는지를 모르는 것처럼 가슴이 텅 비어있다. 무표정하게 어딘 가를 향해 걷는 인물들에게서 인간 존재의 숙명에 대한 깊은 우수가 느껴진다. 그의 작품에서는 다빈치와 미켈란젤로처럼 확신에 찬 눈빛으로 미래를 바라보던 위대한 인간은 더는 존재하지 않는다. 맥그라스Alister McGrath는 "인간의 가장 큰 불행은 하나님과 분리되는 것이다. 물론 어떤 의미에서 우리는 누구나 그분 안에 있다. 그러나 우리에게 그분에 대한 지식, 이해, 기억, 사랑이 없다면 우리는 실제로 그분과 함께 있다고 할 수 없다. 그분 마음의 형상대로 만들어진 우리의 마음은 그분에 대한 기억을 얼마나 잃어버렸는지 우리가 무엇을 기억하고 있는지조차 기억하지 못하고 있다."[25] 라고 말한다. 하나님을 잃어버린 현대인이 도달할 수 있는 논리적인 결론은 허무와 절망과 소외 그리고 죽음뿐이다. 기독교 미술은 잃어버린 하나님에 대한 기억을 회복시킴으로 절망과 소외를 외치는 이 세상에 구원과 소망을 이야기해야 한다.

아브라함 카이퍼Abraham Kuyper, 1837~1920는 "만물의 주권자이신 그리스도께 속한 인간의 전 영역에서 그리스도께서 이것은 내 것이라고 주장하지 않는 땅은 한치도 없다."라고 말했다.[26] 카이퍼는 영역주권이라는 개념을 가지고 크리스천 예술가들의 예술적 작업의 정당성을 설명했다. 그는 크리스천 예술가들은 예술적 작업을 통해 하나님을 영화롭게 함과 동시에 부패한 세계가 줄 수 없는 더 높은 실재를 이 세상에 보여줘야 한다고 주장했다.[27] 한스 로크마커Hans Rookmaaker, 1922~1977 역시 크리스천 예술가들은 다른 크리스천들과 마찬가지로 각각 자기의 직업에서 '하나님의 이름이 거룩히 여김을 받으시오며, 나라가 임하옵시며'라고 기도한 후에 이를 실현하기 위해 각자의 영역에서 노력해야 할 것을 역설했다.[28] 크리스천 예술가들은 예술적 작업을 통해 하나님의 부르심에 응답한다. 예술은 하나님을 섬기는 방식이다. 브랜드Hillary Brand와 채플린Adrienne Chaplin이 말한 바와 같이 기독교 미술의 역할은 세상에 답을 하는 것이 아니라 세상이 잊어버린 질문을 일깨우는 데 있다.[29]

02

서성록

| 안동대학교 명예교수

홍익대학교 서양화과와 동 대학원 미학과를 졸업하고, 미국 미드웨스트 대학 기독교교육학과에서 『칼빈주의 예술론 연구』로 박사학위를 받았다. 기독교 세계관에 기초한 예술론 연구에 힘을 쏟고 있으며, 한국미술평론가협회 회장과 정부 미술은행 운영위원장 등을 역임했다. 저서로는 『한국현대회화의 발자취』, 『동서양 미술의 지평』, 『미술관에서 만난 하나님』, 『박수근』, 『렘브란트』, 『거룩한 상상력』, 『미술의 터치다운』, 『전후의 한국미술』, 『예술과 영성』 등이 있다.

한국 기독교 미술의 형성과 전개

몇 해 전에 국내 기독교 미술가들의 모태나 다름없는 한국기독교미술인협회가 창립 50주년을 맞아 인사동 갤러리에서 기념전람회를 성대하게 개최했다.[1] 〈한국기독교미술 50년전〉에는 서양화, 한국화, 조각, 공예, 서예, 사진 등 각 영역에서 200여 명의 작가가 작품을 출품했다. 크리스천 미술인들의 친목을 목적으로 결성된 기독교미술인협회는 1966년 창립전부터 근래의 정기전까지 기독교 신앙을 기본으로 한 작품 활동으로 기독교 미술 문화의 구축과 함께 하나님 나라를 확장하는 데 앞장서 왔다.

이 전시에서 흥미로웠던 것은 기존 회원뿐만 아니라 작고 작가의 작품까지 전시해 지난 50년의 역사를 압축적으로 돌아볼 수 있게 하였다는 점이다. 국민화가 박수근1914~1965을 비롯해, 정감 넘치는 작품세계를 보여준 황유엽1916~2010, 작가와 이론가로 기독교미술 형성에 헌신한 이연호1919~1999, 기독미술인협회의 탄생을 물심양면으로 도운 이명의1925~2014, 성경의 서사에 향토적 색채를 접목한 김학수1919~2009, 천상의 은총을 명료한 조형으로 표상한 하동철1942~2006, 향토적 구상화를 개척한 홍종명1922~2004 등 개성적인 조형 언어와 뛰어난 창의력을 발휘해 온 작가들을 만날 수 있었다. 한국기독교미술인협회의 창립 50주년을 축하하기 위해 '한국미술인선교회', '아트미션'과 같은 자매단체들이 자리를 함께했다.

일전에 국내를 방문한 미국의 애시버리 대학에서 미술사를 가르치는 L. 스트레트포드Linda Stratford교수는 한국기독교미술인협회가 출범한 지 50주년이 되었다는 말을 듣고, 미국의 대표적인 크리스천 미술가 단체 CIVA(Christian in the Visual arts)[2]보다 앞섰다는 사실에 놀라워했다. 비록 미국의 단체보다 규모는 작지만, 한국 미술인들의 열의가 세계 여느 나라 못지않게 뜨겁다는 사실에 자부심을 느낄 수 있었다. 한국의 크리스천 미술인들은 그동안 파란

많았던 한국 현대사의 곡절을 겪으면서도 신앙인으로서 정체성을 잃지 않았다. 그뿐만 아니라 만물의 주되심, 그리고 예술에서 주되심을 굳게 믿으며 50년의 세월을 꿋꿋이 지켜왔기에 창립 50년을 맞이하는 마음은 매우 각별했다.

본 연구에서는 반세기의 역사를 지닌 한국 크리스천 미술의 주요 작가와 시대별 논점들을 알아보려고 한다. 사람으로 치면 50대의 장년기에 접어들었으므로 그동안의 궤적을 점검하는 일이 필요하리라고 생각했다. 그간 한국 기독교미술에 대해선 몇 편의 선행연구, 즉 이연호의 "한국 기독교미술과 과제"[3], 서봉남의 『기독교 미술사』[4], 정복희의 "20세기 한국 기독교미술의 전개"[5] 등이 있다. 이연호의 "한국 기독교미술과 과제"가 신·구교를 망라하는 포괄적인 내용이라면, 서봉남의 『기독교 미술사』는 서양의 기독교 미술과 동양의 기독교미술을 포괄한 개론적 성격을 띠었고, 정복희는 90년대 크리스천 청년 작가들의 집단적 미술운동에 방점을 찍었다. 기본적으로 한국 기독교미술을 주제로 다루고 있지만, 이연호와 서봉남의 경우 제1세대 작가들을 정복희는 젊은 작가들의 문화 사역에 논점을 맞추어 한국 기독교미술의 어제와 오늘을 논의했다. 글이 발표된 시대는 각각 다르지만, 주요 작가와 활동을 통해 어떻게 한국기독교 미술이 성장해 왔는지 그간의 발자취를 살펴보는 데 도움을 준다.

본 연구에서는 한국기독교미술인협회 50주년을 계기로 그동안 우리나라 기독교미술의 궤적과 시대별 이슈, 주요 작가를 돌아보고자 한다. 그러기 위해 가장 먼저 전사(前史)로서 일제 강점기에서 6·25 전쟁 시기까지 기독교미술의 작품들이 어떤 토착화의 과정을 거쳐 정착되었는지 알아본 다음, 기독교미술이 발돋움하기 시작한 1960년대에서 1970년대까지의 전개 양상을 살펴보고, 기독교미술이 활성화된 시기와 주요 작품들을 설명한 후에 1990년대와 현재까지의 확산 양상을 고찰해 보려고 한다. 이런 전개 과정을 점검해 본 다음 우리나라 기독교미술의 과제를 논의해 보고자 한다.

태동기: 일제 강점기에서 1950년대 중반

기독교미술의 태동기는 일본 식민지 시대의 이당(以堂) 김은호가 조선 미전에 기독교미술로 입상한 시기부터 그의 제자인 운보(雲甫) 김기창이 예수일대기를 제작한 50년대까지를 한 시기로 분류할 수 있다. 기독교가 수용되고 정착하는 과정에서 일제 강점, 태평양전쟁, 해방공간의 혼란, 6·25전쟁 등 굴곡진 사건을 거치면서 토착화의 문제가 주요 이슈로 떠오른 시기이기도 하다.

이 시기의 대표적인 기독교 미술가는 인물화가로 명성이 높았던 이당 김은호1892~1979였다. 물론 그 이전에 이희영 같은 뛰어난 화가가 있었으나 유존되는 작품이 없기에 어떤 작품을 그렸는지 확인할 수 없다. 전통적 채색 기법에 서양화의 사실적 묘사를 접목하여 '채색화의 근대화'(송미숙, 2016:134)를 시도한 김은호는 빼어난 실력으로 '화선(畵仙)'(김인환, 2007:144)으로 불리기도 했다. 그는 1912년 서화미술회(書畵美術會)의 '화과(畵科)'에 들어가 본격적인 회화 수업을 받기 시작하면서 화가의 길을 걷게 되었는데, 당시 서화계에서 쌍벽을 이루던 안중식과 조석진의 문하에서 전통화법을 익혔다. 초기 화풍은 스승인 안중식의 사의적(寫意的) 산수화풍을 보여주며, 세필의 정교한 묘사력을 바탕으로 한 초상화로 이름을 알렸다. 그는 1924년 조선미술전람회에 「부활 후」를 출품했는데, 그의 3등 상 수상 소식은 기독교미술에 한 획을 긋는 일대 사건이었다. 이 작품은 부활한 그리스도 좌우편으로

베드로와 야고보를, 어머니 마리아와 막달라 마리아를 위치시킨 삼면화, 즉 세 폭 그림이었다.

김은호 「부활후」
미국 프레밍출판사에서 발간한 Each with his Own(1938)에 실린 사진

그런데 첫 개신교 작품으로 불려오던 이 그림에 대해 최태연은 3·1 운동 직후 우리 민족의 '부활 소망'을 표현한 것으로 해석하기도 했다. (최태연, 2005:164~165) 실제로 김은호는 3·1운동 때에 장안에 불길처럼 번지던 만세 시위운동에 합세해 '조선 독립신문'을 돌리다 진압경찰대에 발각, 체포되어 서대문형무소에서 복역한 이력을 지니고 있었다. 당시 수감자들의 형사 판결원본에는 그가 "그(손병희 등이 일으킨 독립 시위운동 _ 필자 주)에 찬동하고 … 시위군중을 선도하며 구한국 깃발(태극기)과 횃불을 높이 들고 맹렬히 조선 독립 만

세를 절규"(이구열, 2005:128~29)했다고 기록하고 있다. 그의 행적으로 미루어 볼 때「부활 후」를 통해 민족의 부활에 대한 소망을 표현하였을 심산(心算)도 충분히 있었을 것이다. 비록 그는 1940년대 전시 동원령에 부응하며 일본당국에 협력했다는 의심도 샀지만, 이와 함께 독립을 위해 몸을 사르지 않는 애국 활동도 벌였다. 또한 자신의 집(낙청헌)에 가난한 학생들을 숙식시키면서 우리 미술의 걸출한 작가로 키워낸 교육가적인 측면도 지닌다.[6] 그에 대한 평가는 친일 행적에 의해 가려져 정당한 평가가 이뤄지지 못하고 있다.[7] 어쨌든「부활 후」가 6·25 전쟁 기간에 화재로 소실되자 YMCA의 요청으로「기독상」(1962)을 재제작했는데, 이때에는 그림의 날개 부분을 없애고 중앙의 기독상만을 제작했다. 그 외에도 김은호는「기도하는 여인」과「오병이어」란 작품을 제작한 것으로 알려졌지만, 현재 두 점 모두 찾아볼 수 없다. 이당이 배출한 제자는 손으로 꼽을 수 없을 만큼 많지만, 그중에서도 운보 김기창1913~2001을 빼놓을 수 없다.

김기창은 무언(無言)과 불청(不聽)의 장애에도 불구하고 현실에 안주하지 않고 끊임없는 담금질과 불굴의 투지로 자기 갱신을 이룬 화가이다. 그는 전후에 청록산수, 바보 산수, 십장생, 바보 화조, 문자화, 점선 시리즈, 봉걸레 그림 등 폭넓은 작품세계를 펼친 명실상부 한국화의 상징적인 인물이었다. 또한 스승을 본받아 기독교 신앙을 바탕으로 한 작품을 제작했다. 그런데 그 작품을 제작한 시기가 공교롭게도 그가 생사의 갈림길에 선 때였다. 그는 6·25 전란 당시 군산으로 내려가 피난 생활을 하던 중 29점의「예수의 생애」를 제작했다. 훗날 독일 선교사의 권유로「승천」을 추가하여 총 30점을 완성하게 된다.(김기창, 1978)「예수의 생애」는 "민족상잔의 가혹한 현실 속에서 그리스도의 수난의 일대기를 구현함으로써 능히 난국을 극복"(오광수,

2014)할 수 있으리라는 믿음을 주었다.

김기창은 예수의 생애를 조선시대 풍속적 단면으로 재해석함으로써 예수와 그가 살았던 시대의 상황을 한국의 인물과 풍속으로 변형했다. 이에 오광수는 "기독교의 토착화 현실을 이보다 더 감동 깊게 구현한 예가 어디 있는가"(오광수, 2014)라고 기술하기도 했다. 김기창은 이 작품을 전쟁이 끝난 1954년 4월, 화신백화점 내 화신화랑에서 열린 〈김기창 성화전〉에 발표했는데 이 작품을 감상한 후 박계주는 "성화전은 한국이 최초로 가져보는 의의 깊은 일일뿐더러 어느 민족의 대변자거나 한 민족의 소유자가 아닌 인류 전체의 예수를 우리의 생활양식과 풍속으로 표현시켜 봤다는 것은 의의 깊은 일"(경향신문, 1954.5.2일 자. "운보성화전")이라고 그 의미를 높이 평가했다. 예수의 탄생과 공생애, 수난과 죽음, 부활까지 그리스도의 일대기를 그려낸 이 연작은 전쟁의 참화로 고통받던 민족에게 위로와 희망을 선사했다.

물론 김기창 이전에는 기산(箕山) 김준근이 이런 시도를 한 적이 있었다. 김준근은 도화원 소속의 공인된 화가는 아니었지만, 개항기 원산, 부산, 인천 등지의 개항장에서 조선의 생활상을 판화로 제작해 내한한 외국인에게 큰 호응을 얻었던 풍속 화가였다. 그중에서도 압권은 선교를 위해 활용된 기독교 관련 도상들이었다. 김준근은 캐나다에서 온 선교사 게일James Scarth Gale이 펴낸 『천로역정』속 42점의 삽화에서 등장인물을 한복과 갓을 쓴 모습으로 표현했고, 또한 천사의 모습도 한국 전설에 나오는 선녀로 바꿨다.(박정세, 2010) 그는 그렇게 토착화를 시도한 최초의 화가였다. 이외에도 가톨릭 화가 장발 1901~2001은 한복의 복장을 한 사도나 순교자를 그렸고, 배운성1900~1978의 성모자상 「여인과 두 아이」(1930년대) 역시 한국의 전통가옥과 수목을 배경으로 해 한복을 곱게 차려입은 마리아와 색동옷을 입은 아기 예수가 등장한다. 월전 장우성1912~2005이 제작한「순교자의 모후 3연작」등 대부분은 선배 작가들과 마찬가지로 토착적 관점에서 성경 인물들을 다루었다.

왜 이들 화가는 예수님을 그릴 때 우리의 산천을 배경으로 했을 뿐만 아니라 도포를 입고 갓을 쓴 모습으로 표현했을까? 이것을 혼합주의로 볼 것인지 복음을 수용하는 과정에서 일어난 자연스러운 현상으로 볼 것인지 의견이 엇갈릴 수 있다. 이점을 파악하기 위해선 '선한 목자(Good Shepherd)' 도상의 사례를 참고할 필요가 있다. 교회미술에서 가장 오래된 예수 도상은 시리아 두라 에우로포스Dura Europos, 231년경의 회당 유적에서 발견된 것으로 예수는 양을 둘러맨 모습으로 형상화돼 있다. 그 후 '선한 목자' 도상은 3세기 초 칼리투스Callixtus 카타콤, 바티칸미술관의 4세기 대리석 작품 등으로 이어져 내려온다.

모든 예술이 시대의 영향을 받듯이 이 작품 역시 그리스와 로마의 영향을 받아 주피터Jupiter처럼 아름답게 형상화되었으며, 헤르메스Hermes상은 초기 기독교 미술인들에게 '착한 목자' 도상을 위한 모델로 사용되었다. '선한 목자' 도상에서 예수가 젊고 둥글며 수염이 없고 짧은 머리를 한 소박한 모습으로 등장하는 것은 이와 연관이 있다.(정웅모, 2006:79~80) 초대 기독교인들은 이교적 배경을 지닌 상징을 기독교적으로 재해석했던 셈이다.(이경직, 2018:44) 예수를 상징하는 '선한 목자'의 도상이 그리스 로마 문화의 문화적 환경에서 발생했듯이 한국에 전래한 기독교 역시 한국인의 문화적 맥락에 맞춰 해석되었음을 알 수 있다.

이은선 역시 기독교의 수용과정에서 보인 토착화 현상을 "혼합 주의적인 표현이라기보다는 당시 조선인의 정서에 맞춰 전달의 효과를 높이기 위한"(이은선, 2012:254) 것으로 분석한 바 있다. 즉 한국인들이 기독교에 대한 이질감을 줄이고 친근감을 높이려고 했다는 것이다. 1923년 한국에 진출한 미국의 메리놀 선교회가 선교지의 문화풍토에 맞추어 "토착화를 가장 대담하게 시도"(정성은, 2006:25)했다거나 선교사 게일James Scarth Gale이 김근준에게 천로역정의 주인공을 조선인으로 표현하게 했다는 사실 등은 이러한 사실을 뒷받침해 준다. 한국선교의 개척 당시 선교사들이 채택한 네비우스의 선교 정책(The Nevius Plan), '본토인으로 하여금 자력으로 교회 건물을 짓게 하되 건축 양식은 본토식으로 한다.'라는 방침 역시 한국인의 정서를 배려한 전략이다.(백낙준, 1973:170) 훗날 이연호는 이러한 토착화의 시도에 대해 "모든 예술이 향토성을 지님으로써 더 빛을 발하게 된다"(이연호, 1986:95)라고 밝히고, 우리나라의 풍속과 정서를 담아내는 것은 긍정적이라는 입장을 견지했다.(이연호, 1986:95)

형성기: 1960, 70년대

1960년대에 들어 개신교 화가들의 작품발표가 부쩍 늘어났다. 이 시기는 신앙적인 작품발표가 잦아지고 기독교 작가들의 거점이 된 한국기독교미술인협회의 창립으로 요약될 수 있다. 기독교인이었던 김은호 문하의 김기창1913~2001, 김학수1919~2009, 안동숙1922~2016 등이 기독교미술의 일원으로 활약했고, 게다가 황유엽1916~2010은 〈창작미술협회전〉, 이명의는 〈현대미술가협회전〉, 정규1923~1971와 박수근2014~1965은 〈한국판화협회전〉에 참여하면서 시대의 애환과 서민들의 삶을 기독교 신앙으로 해석한 작품을 발표했다. 박수근1914~1965의 경우 생활고(生活苦)와 병고(病苦) 속에서도 미국 샌프란시스코 미술관에서 열린 〈동서미술전〉(1957), 뉴욕 월드하우스갤러리의 〈한국현대회화전〉(1957), 동경과 서울에서 열린 〈국제자유미술전〉(1961,1962), 홍콩 인터내셔날 호텔 인터하우스 초대 전람회(1962), 주한미공군사령부

SAC 도서관의 〈박수근 특별전〉(1962) 등에 출품했다.

이런 기독교 미술가의 활동은 개인의 역량 탓도 있었지만, 교계와 화단의 내부요인이 복합적으로 작용한 부분도 있다. 1960~1970년대에는 심령부흥회와 부흥사경회 등에 힘입어 기독교의 교세가 확장됐으며, 이에 따라 크리스천 미술가도 증가했다.(정복희, 1999:12) 한국기독교미술인협회가 창립하게 된 것은 그만큼 사회적 분위기가 무르익었기 때문에 가능한 일이었다. 전쟁의 후유증이 어느 정도 가라앉고 사회가 안정을 되찾으면서 전람회도 잦아졌는데, 이 무렵에는 〈국전〉, 〈현대미술가초대전〉, 〈문화자유초대전〉 등 어느 때보다 미술계가 활기차게 움직였다. 여러 전람회가 연쇄적으로 열리는 상황에서 기독교 미술인들은 자신의 정체성을 표명할 수 있는 미술 단체의 필요성을 느꼈을 터다.

60년대를 전후로 한 기독교 미술가들의 작품활동에 대해서 이연호는 "한국 기독교미술의 과제"와 "한국기독교미술의 흐름"[8]에서 밝혔는데 그 내용을 정리하면 다음과 같다. 김기창의 그리스도 일대기를 비롯해 혜촌 김학수의 풍속화적 성경 그림, 운정 김흥종의 한국 성탄 풍속화, 세계 47개 국어로 발간되는 『다락방』 표지화(1968년 2월호)에 실린 「하나님이 우리와 함께」, 홍종명의 「바보같은 예수」, 책형도와 이명의의 「예언자」, 「그리스도와 막달라 마리아」, 「가나의 혼인잔치」, 신영헌의 「녹색의 그리스도」, 국전 최고상을 받은 박종배의 「역사의 원」, 김영길의 대담한 구도와 수법으로 선보인 「성탄화」와 「성모자」, 최병상의 「선지자의 눈물」, 윤영자의 「성모자」, 김정숙의 부조 작품 「힘의 군상」(YMCA 회관)과 「출애굽」(기독교회관), 장운상의 「한복을 입은 예수」(1962, YMCA 소장)와 「탕자」(1967), 마네시에(Manessier)를 연상시키는 이정수의 추상화, 천병근의 「기도」(1961), 김영재의 「예수 수난의 언덕」(1968) 등 그 어느 때보다 기독교 미술인들이 왕성하게 작품발표를 했다. 이런 예술가들의 움직임은 전쟁과 빈곤으로 인해 시름에 젖은 사람들을 위로하고 그들에게 소망을 심어주려는 생각에서 비롯되었으며,[9] 그런 연장선상에서 한국기독교미술인협회가 창립되었다. 한국기독교미술인협회가 창립된 저간의 사정을 1963년 이화여대에서 열린 '한국기독교 교육대회'에 즈음하여 마련된 초대전에서 찾아볼 수 있다.

"1963년 제5회 한국기독교 교육대회가 이화여대에서 있었습니다. 여기에는 김기창, 홍종명, 김기승, 김학수, 윤중식, 천병근, 이철경 초대전이 계기가 되어 1963년 10월부터 YMCA 회관 준공과 더불어 초대전이 있었습니다. 1965년 1월 18일 기독교교육협회 회의실에서 한국기독교미술인협회 창립대회가 열렸어요." (이연호, 1995:20)

1965년 1월 창립대회를 개최한 뒤 1966년 4월 11일 '미술인 상호의 친선과 협조를 목적으로'(이명의, 1995:23) 향린미술원에서 창립총회를 열고 산하에 동양화부, 서양화부, 서예부, 공예부, 건축부 등 6개 부문을 구성하기로 결정했다. 이날 총회에서는 회장에 이연호, 부회장에 홍종명이 투표로 선출되었고 총무에 이명의, 회계에 김학수와 김순연, 고문에 김은호, 한영선, 김인승, 모아제임스 등이 선임되었다.

협회 창립에 적극적이었던 인물은 이연호였다. "협회가 생길 때 제일 먼저 만들어졌으면 하고 하신 분이 이연호 목사님이라고 생각돼요. 기독교 교육대회 때 초대됐던 계기로 얼마 후에 우리나라도 이런 협회가 있어야 되지 않겠나 해서 동기가 되었지요."(이명의, 1995:21) 이명의의 발언으로 짐작해 볼 때 제5회 '전국기독교교육대회'가 열릴 때 처음으로 단체 결성의 필요성을 역설한 인물이 이연호였고, 그의 주도하에 '한국기독교미술인협회'가 설립된 것으로 보인다.[10] 이연호가 주도적인 역할을 할 수 있었던 것은 목회자이자 화가였던 그의 독특한 위상 때문이었다. 이연호는 교계와 미술계의 사정에 정통했으며 이 둘 사이에 가교를 놓을 수 있었던 적임자였던 셈이다.

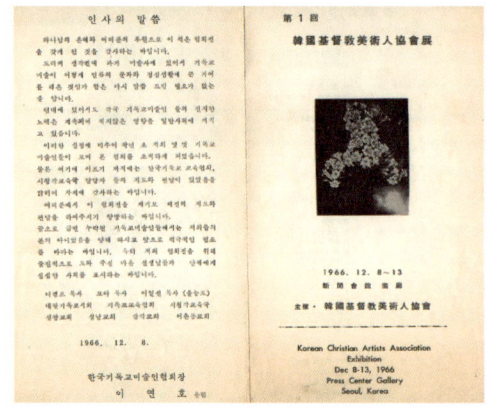

제1회 한국기독교미술인협회전 리플렛
자료제공 이정수고문

　이연호는 전국의 기독교 지도자들이 모이는 '전국기독교 교육대회'를 크리스천들의 작품세계를 널리 알릴 수 있는 적기(適期)로 여겼던 것이 분명하다. 한국개신교 70주년 기념행사는 교계가 기독교미술에 관한 관심을 두게 하는 계기가 되었고, 한국 기독교미술의 필요성을 느끼게 했다. 그동안 미술가들은 개인적으로 작품을 통해 신앙을 밝혀왔으나 이제는 단합된 힘으로 기독교인으로서의 정체성을 공표할 수 있게 되었다.

　회원들은 만반의 준비를 마치고 신문회관 화랑에서 〈제1회 한국기독교미술인협회전〉을 1966년 12월 5일부터 11일까지 가졌는데, 이때 협회 산하에 동양화부, 서양화부, 서예부, 조각부, 공예부, 건축 등 6개 부문을 두었다. 창립전 리플릿에서 이연호 회장은 협회를 창립하게 된 의미를 다음과 같이 기술했다. "돌이켜 생각건대 과거 미술사에 있어서 기독교 미술이 어떻게 인류의 문화와 정신생활에 큰 기여를 해온 것인가 함은 다시 말씀드릴 필요가 없을 줄 압니다. 현대에 있어서도 각국 기독교 미술인들의 진지한 노력은 계속되어 적지 않은 영향을 일반 사회에 끼치고 있습니다. 이러한 실정에 비추어 작년 초 저희 몇 명 기독교 미술인들이 모여 본 협회를 조직하게 되었습니다."11)

흥미롭게도 창립전에는 가톨릭과 개신교 미술가들이 자리를 함께했다. 출품작가로는 김은호, 김기창, 김학수, 김흥종, 서세옥, 안동숙, 장운상, 문일(이상 동양화), 김상성, 김순연, 김인승, 김영재, 박득순, 박연도, 신영헌, 김익란, 이광혁, 이명의, 이연호, 이정수, 정문규, 홍종명, 황유엽(이상 서양화), 권길중, 김정숙, 윤영자, 이순석(이상 조각 및 공예), 김기승, 문 일, 이철경(이상 서예) 등이다. 또한 창립전에는 일본의 다나까 다다오田中忠雄, 니시자까 오사무西阪修와 와다나베 사다오渡邊禎雄, 인도의 프랭크 웨슬리Frank Wesley, 그리고 대만의 서기금徐綺琴 등 아시아 기독교 작가들이 찬조 출품하며 한국기독교미술인협회의 창립을 축하했다. 이들 작가의 참여는 평소 친분이 있던 이연호의 요청으로 이루어진 것으로 알려져 있다.(이연호, 1993:186~187)

그러나 관심을 모았던 신·구교 미술인들의 공조는 얼마 지나지 않아 깨지고 말았다. 서세옥, 김인승, 이순석, 박득순, 박연도 등 가톨릭 화가들이 제3회전을 마치고 분리돼 나감에 따라 그 이듬해인 1969년 제4회는 개신교 미술가들만의 전시회로 꾸며질 수밖에 없었다. 이후 가톨릭 미술가들은 서울 가톨릭 미술가협회를 창립하고 1971년 신세계 화랑에서 전람회를 가진 이후 1972년 제2회전, 1975년 제3회전, 1976년 제4회전 등을 개최했다(방오석, 1976:43). 가톨릭 미술가협회에는 문학진1924~2019, 박득순1910~1990, 김태

1931~2021, 김세중1928~1986, 권영우1926~2013, 서세옥1929~2020, 정창섭1927~2011, 김종영1915~1982, 최종태1932~ 등 서울대 출신의 작가들이 참여했다.

제4회 한국기독교미술인협회전은 1969년 신문회관에서 개신교 미술가들만의 전람회로 치러졌다. 이때부터 협회전은 지금과 같은 개신교 작가들의 모임으로 굳어진 셈이다. 참여 작가의 면면을 보면 김상성, 김순연, 김영재, 김익란, 박연도, 신영헌, 선종원, 이연호, 이동웅, 이정수, 이명의, 정규, 정재명, 홍종명, 황유엽*(이상 서양화)*, 김기창, 김영기, 김은호, 김학수, 김흥종, 문 일, 박수현, 안동숙, 이덕인*(이상 동양화)*, 김정숙, 윤영자, 진송자, 김기연*(이상 조각)*, 김기승, 이철경, 조병숙*(이상 서예)*, 김용훈, 서삼순, 윤세선*(이상 사진)* 이외에도 일본의 다나카 다다오, 니시자카 오사무, 와다나베 사다오 등이 출품했다.[12]

60년대가 한국기독교미술인협회의 태동기였다면, 70년대는 기독교문화에 대한 인식을 제고시킨 시기라고 할 수 있다. 이러한 분위기는 여러 기독화가의 명화전에서 찾을 수 있다. 1969년 서울장로회 신학교와 협회의 공동주최로 〈렘브란트 탄생 300주년 기념작품전〉이 신문회관에서 열렸다. 암스테르담미술관에서 대여해 온 이 작품들은 비록 복제품이긴 했지만, 종교개혁의 정신을 구현한 렘브란트의 작품을 직접 볼 수 있었다는 점에서 신선한 자극제가 되었다. 그 외에도 1971년 뒤러 탄생 500주년을 기념한 전람회가 한독문화관에서 열린 것을 비롯해 〈샤갈전〉, 〈밀레전〉, 〈유럽 이콘전〉, 〈로댕전〉, 〈미켈란젤로 조각전〉 등 굵직한 명화전이 꼬리를 물고 이어졌다. 이러한 전시는 기독교미술에 대한 이해를 높이고 작품들을 통한 깊은 종교적 경험을 하게 해주었다. 또한 믿음을 나누는 데 지대한 역할을 하는지 확인시켜 주기도 했다.

한편 한국기독교미술인협회는 국립공보관 화랑, 미술회관, 미도파백화점 화랑, 코스모스 백화점화랑, 선화랑 등에서 정기전을 연이어 개최하며 회원들의 결속을 도모하는 동시에 기독교미술의 확산을 위해 노력했다. 이 무렵 1971년 37명이던 회원은 1984년 63명에 달해 두 배에 가까운 팽창을 보였고, 명망 있는 중견작가들의 참여로 질적인 향상을 이루었다. 「요나의 수난」(이명의), 「엠마오로 가는길」(김학수), 「기도」(김영길), 「언덕위에 선 교회」(표승현), 「교회가 보이는 풍경」(정재규), 「산상수훈」(신영헌), 「교회가 있는 풍경」(이양로), 「베드로를 부름」(김수익), 「골고다의 황혼」(이정수), 「오월의 예배당」(이연호), 「계시록」(강광식), 「최후의 만찬」(장완), 「기도」(천병근) 등 기독교적 주제 또는 신앙 고백적인 내용이 기조(基調)를 이루었는데, 이것은 삶의 전반에 대한 기독교적인 이해를 표현했다기보다는 종교화라는 전통적인 개념에 따랐다는 표시로 이해할 수 있다.[13]

도약기: 기독교 전래 100주년

1980년대는 기독교미술이 도약해 간 시기이다. 국내 작가의 해외 진출, 기독교 전래 100주년 기념행사와 몇몇 작가들의 역작 발표 등으로 풍성한 결실을 보았다.

한국기독교미술인협회는 1980년부터 본격적으로 전시 도록을 발간하고(1980), 원곡, 혜촌미술상 제정(1979), 한국기독교미술상 제정(1987), 공모전 개최(1985) 등 더욱 활발한 사업을 펼쳤다. 그리고 작가들의 해외 진출과 교류도 심심치 않게 이루어졌다. 1984년에는 홍종명, 이춘기, 김재임, 박정근 등이 필리핀 로스바뇨스 Los Banos에서 개최된 '제2회 아시아 크리스천 미술가협회 콘퍼런스(ACAA)'에 참여했다. 이 컨퍼런스를 개최한 '아시아 크리스천 미술가협회(Asian Christian Art Association)'는 1978년 일본인 화가이자 신학자인 마사오 다케나카竹中正夫가 아시아권의 크리스천 미술가들과 신학자들이 이념을 교류하기 위해 창립했는데, 이 협회의 기관지 『이미지: 아시아의 그리스도와 미술(Images: Christ and Art in Asia)』에 이춘기와 김재임의 작품이 실리기도 했다.14) 콘퍼런스에 참석한 박정근은 "아시아 각국에서도 기독교미술이 특유의 성격을 띠고 발전함을 알 수 있었으며 기독교미술의 중요성을 깨닫게 한 의의 있는 회의"였다고 소감을 피력했다.(박정근, 1996:106) 그런가 하면 안동숙, 안석준, 오해창 등은 1986년 아시아 크리스천 미술가협회가 주최한 〈아시아의 기독교미술전(Christian art in Asia)〉에 초대받아 유럽과 북미, 하와이를 순회하는 전람회에 참가하기도 했다. 이 순회전에는 안동숙의 「그레이스풀(Graceful)」, 오해창의 「웃는 예수」, 이춘기의 「Work 58」 등이 출품되었다.15)

이 시기에 주목되는 점은 한국기독교 전래 100주년을 맞아 다채로운 기념전을 개최했다는 사실이다. 한국기독교미술인협회는 '한국기독교 100주년 기념사업협의회'(한경직 총재)의 후원을 받아 아시아 11개 지역 개신교 미술가들을 초청해 1985년 12월 18일부터 1986년 1월 5일까지 국립현대미술관에서 국제미술전과 협회전을 개최했다. 〈국제기독교미술전〉 도록에서 아시아 크리스천 미술가협회 회장인 마사오 다케나카는 "기독교의 신앙을 토착적인 예술로 표현하려는 노력이 아시아에서 활발하게 일어나고 있으며 기독교의 복음은 단순히 언어를 통한 전달이 아니라 삶과 일의 전부를 통해서 더 잘 전달될 것"(국제기독교미술전 성화대전_도록. 10)이라고 기독교미술에 대한 기대를 표시했다. 동시에 한국기독교미술인협회는 창립 20주년을 겸한 전시를 개최했는데, 여기에는 130여 명의 회원이 참여했다. 회원들은 "이스라엘 성지를 순례하여 스케치를 하는 등 심혈을 쏟는"(홍덕선, 1986:150) 등 어느 때보다 내실 있는 전람회가 될 수 있도록 힘썼다. 홍덕선은 이로 인해 "기독교 미술전을 통해 성서적인 작가가 속출, 명실공히 한국 기독교미술계에 획기적인 변화와 하나님께 영광 돌려드리는 역사가 이루어질 수 있었다."(홍덕선, 1986:150)라고 보았다.

한편 몇몇 기독교 미술인들은 믿음의 유산을 되돌아보게 하는 기념비적인 작품을 발표했다. 혜촌 김학수의 「예수의 생애」와 기독교 풍속화 연작, 그리고 서봉남의 「영광」, 윤영자의 한국기독교 100주년 기념탑 인물 조각, 김영길의 선교용 회화, 김병종의 수묵으로 된 「바보예수」 연작이 그러하다. 앞에서 소개한 전람회가 협회에서 주관한 공식적인 성격이었다면, 이 네 작가의 작품은 그동안 축적된 기독교 미술가의 역량을 집약하는 성격을 띠었다.

혜촌 김학수1919~2009는 예수의 탄생에서 부활까지 36점으로 구성한 「예수의 생애」란 연작을 발표했는데, 이 작품에서 주목되는 것은 등장인물과 배경의 설정이다. 주막집 마구간에서의 예수 탄생, 예수의 할례 장면, 예수의 성경 토론 장면, 장님이 눈을 뜬 사건, 어리석은 부자, 간음한 여인의 용서, 가나의 혼인 잔치, 산상수훈, 최후의 만찬, 골고다 십자가, 부활 장면 등 성경의 어느 장면을 그리더라도 김학수는 그 무대를 우리나라의 전통 마을을 배경으로 삼았다. 그의 모든 작품은 유대 의상을 입은 예수가 조선 땅에 오신 듯 친근감을 주었다. 이상의 형상화 방식을 통해 보건대 그가 풍속 화가라는 점을 고려하더라도 선교사들을 통해 들어온 기독교가 낯설지 않도록 유의했음을 알 수 있다.

또한 그는 2년간 제작한 기독교 역사 풍속화 50점을 발표했다. 역사 풍속화는 기독교가 전래된 후 선교, 순교, 박해, 전도, 의료, 교육사업 등으로 압축되는 기독교의 역사를 재현한 작품이다. 아펜젤러와 언더우드의 제물

포 입항 장면, 최초의 황해도 솔내교회, 정동교회, 새문안교회, 현대식 병원인 광혜원, 배재학당, 이화학당 등 옛 모습을 그만의 필치와 풍부한 농담, 치밀한 묘사로 재현했다. 당시 기사에 의하면, "그의 작품은 단순한 그림 그리기가 아니라 기록화란 차원에서 학문적 고증작업이 곁들여졌고 여간한 역사의식 없이는 보기 힘든 것이었다."(경향신문, 1985. 9.9일자. "풍속화가 김학수 씨 2년간 심혈, 한국기독교 100년 화폭에 재현")라고 소개했다.

성경을 주제로 한 작품을 꾸준히 제작해 온 서봉남1944~은 개신교 100주년을 기념해 그의 대표작 「영광」을 발표했다. 이 유화 작품은 제작 기간만 해도 2년 6개월이 소요되었으며 가로가 8미터, 세로가 4미터에 이르는 작가의 화혼을 불사른 역작이다. 작가는 화면을 세 파트로 나누어 한국교회의 어제, 현재, 한국교회의 미래를 각각 실어냈다. 화면 왼편의 한국교회의 어제는 고문과 총살을 당하는 초기 기독교의 모습을 그려냈다. 많은 성도가 쓰러져 가는 모습을 어두운 청색으로 처리했는가 하면 한국교회의 미래는 희망차게 표상했다. 한반도의 성도들이 촛불을 들고 길게 늘어서 있고 이들의 행렬 주위로는 수많은 교회가 세워지고 있는데 해외선교를 통한 부흥을 암시한 것이다. 화면에서 눈길을 끄는 것은 십자가 주위에 운집한 남녀 청년들이 그리스도를 높이며 찬미하는 장면이다. 그림 배경에는 5백여 명의 찬양대원들이 노래하며 하나님을 영화롭게 하고 있다. 하늘에서도 천사들이 내려와 이들의 예배와 찬송에 화답하고 있다. 여러 시제를 동시적으로 보여주는 「영광」은 한국기독교가 걸어온 길과 앞으로 나갈 길을 제시했다는 점에서 우리나라 기독교 미술사에 있어 기념비적인 작품으로 손꼽을 만하다.(서봉남 화백의 성서화집. 2011:79~83)

"기독교미술은 소재부터 매우 서양적이라고 할 수 있다. … 그런데 김영길 화백의 그림은 성경의 메시지를 동양적인 필치로 선명히 그려 누구에게나 친근감을 느끼게 해준다."(기독신문, 1997.4.6일자) 이 글은 제11회 대한민국 기독교미술상 수상작인 김영길1940~2008의 「탕자의 비밀」에 대한 안동숙의 심사평 중 일부를 발췌한 것이다. 수상자 김영길은 기독교 회화만을 무려 5백여 점을 제작했으며, 부산을 무대로 해 사재로 '소금의 집' 교회를 비롯한 일곱 개의 교회를 개척하는 등 복음 전파에 힘쓴 화가였다. 그가 집필한『자다가 깰 때라』(김영길, 1988:341~362)를 보면, 80년대 말까지 3백여 점의 대작을 제작했으며 국내외 집회, 부흥회, 세미나 등에서 1천여 회 이상 발표회를 갖기도 했다. 대부분 작품은 집회용으로 제작했는데 이중 대표적인 작품으로는 「공중에 나는 새와 들에 핀 백합을 보라」, 「십자가 그늘 밑에서」, 「제자들의 발을 씻기시는 겸손의 주님」, 「평화」, 「헌신」, 「대화」, 「감사」, 「고난」, 「부활」, 「재림」 등이 있다. 이 작품들은 성경의 내용을 단순히 도해했다기보다 그가 깨달은 언약의 말씀을 풀이한 것으로 음영 대비와 면 구성이 두드러지는 특성이 있다.(김영길, 1995)

윤영자1924~2016는 한국기독교 100주년 기념탑의 인물상을 제작했다. 건축가 윤재원이 한국교회의 전통적인 종 모양을 본떠 높이 17미터의 기념탑 설계를 맡고, 조각가 윤영자가 기념탑의 브론즈 인물 군상과 벽 부조물들을 맡았다. 윤영자는 조각상의 건립 취지에 맞춰 자신의 평소 방식인 유기적인 스타일 대신 사실적인 표현기법을 사용했다. 이 작품은 1885년 4월 5일 부활절 아침에 처음으로 우리 강토를 밟은 언더우드 선교사와 아펜젤러 선교사의 입국 장면과 그들의 간절한 기도 장면을 각각 재현했다. 8개월여 만에 제작한 기념조각은 1986년 인천 항동에서 열린 제막식에 설치되었는데, 윤영자는 이때 "현재도 앞으로도 영구히 늠름한 모습으로 하늘을 우러러보며

건재할 것이다."(윤영자, 2011:117)라며 소회를 밝혔다.

한편 김병종1953~은 80년대 중반부터 일련의 수난 연작을 발표했다. 그의 수난 연작은 「바보 예수」로 명명되었는데, 대표작으로는 「바보예수-엘리 엘리 라마 사박다니」(1985)를 비롯한 「육은 메마르고」(1985), 「목이 꺾이다」(1986), 「붉은 예수」(1987), 「무덤 앞에서」(1988), 「검은 성자」(1989), 「흑색예수」(1987), 「황색예수」(1985), 「인자」(1989), 「바보예수」(1985, 1986, 1988), 「달빛 예수」(1987), 「빗발치다」(1989) 등이 있다. 그의 작품은 십자가에 달린 채로 피를 흘리며 죄인들을 위해 자기 몸을 버리신 예수님의 수난과 희생, 사랑에 초점이 맞춰져 있다. 타이틀 「바보예수」에서 볼 수 있듯이 자신을 대속물로 바친 그리스도의 무조건적인 사랑을 강조했다. 또한 그리스도를 목수, 황인, 흑인, 인자 등으로 표현함으로써 인종과 지위에 상관없이 모든 인류를 구하러 오신 메시아로 묘사했다. 그는 후에 독일 구아르드 미술관, 프레데라키아 갤러리, 헝가리의 기욜시립미술관과 폴란드의 베즈티루르 갤러리에서 순회전시도 했는데, 전람회를 본 독일의 에크하르트Eckhart는 "제3세계의 분노나 민중의 정서를 바탕에 깔고 있지만 따듯함으로 승화되는 모습"(Eckhart, 2014: 219)을 지녔다고 평했다.

이처럼 1980년대는 한국기독교 100주년을 맞아 국립현대미술관에서 〈국제기독교미술특별전〉과 〈제20회 정기전〉이 열렸고, 김학수, 서봉남, 김영길, 윤영자, 김병종 등 몇몇 기독교 미술가들에 의해 알찬 결실이 맺어졌다. 김학수의 〈한국기독교역사화 및 예수 성화〉가 한국기독교 미술사에서 '획기적인 거사'(이연호, 1987:164)라는 극찬을 받았다면, 서봉남의 「영광」은 '한국교회의 괄목할 만한 발전과 부흥을 상징적으로 표현한 작품'(정재규, 2004:66)이며, 김영길의 그림은 사람들에게 구원의 복음과 그 성취를 선포하는 케리

그마적인Kerygma 작품이라고 말할 수 있다. 윤영자의 「한국기독교 100주년 기념탑」 조각은 한국에 복음의 씨앗을 뿌린 언더우드 선교사와 아펜젤러 선교사의 내한 장면을 담은 기념비적인 작품이었고, 김병종의 수난 그림은 낮은 곳에 오셔서 화목제물이 되신 예수님을 통해 1980년대 한국 사회의 고난과 슬픔을 위로하고자 했다.

확산기: 1990년대와 그 이후

1980년대에 기독교미술이 내부적으로 견고함을 다졌다면, 1990년대는 기독교미술이 널리 확산한 시기라고 할 수 있다. 그 양상은 크게 세 가지로 나누어지는데, 첫 번째는 젊은 작가들의 움직임, 두 번째는 한국미술인선교회와 아트미션의 창립, 세 번째는 개교회 중심의 여러 미술선교회의 활약이다. 유일한 기독교단체였던 한국기독교미술인협회 위주에서 몇 지류(支流)로 분화되는 등 다변화된 양상을 목격할 수 있다. 이것은 시대의 흐름에 따른 자연스러운 현상으로도 볼 수 있겠으나, 문화의 중요성을 인식함과 동시에 새로운 세대의 하류에 의해 기독교 예술의 층위(層位)가 한층 두터워지게 된 것도 하나의 요인이다.

    1990년대 이후의 기독교미술의 성격을 이해하기 위해 먼저 90년대 문화 전반의 동향을 살펴볼 필요가 있다. 90년대는 서구문화의 근간이라고 할 수 있는 이성주의적 사고체계를 불신했다. 또한 근대문명에 대한 회의가 포스트모던의 기류를 타고 국내에 상륙한 시기이며 이 사조는 민중미술과 모더니즘 사이에서 고민하던 미술인들에게 주목받았다. 다원주의와 개방적인 사고는 타자에 대한 새로운 인식을 가져다주는 등 긍정적인 측면과 함께 전통적 윤리나 가치를 전도시킨 사유체계라는 인식을 심어주었다. 후기구조주의자들은 모든 사상이 단지 계급이나 성별, 인종에 따라 만들어진 사회적 구성물이라는 주장을 펼치며 개개인이 자신의 선택으로 자신만의 의미를 만들어 내야 한다고 목청을 높였다.

급변하는 문화현상에 반응한 사람은 젊은 예술가들이었다. 교회의 미래에 대한 비전의 부재와 문화전략의 부재에 대해 오의석은 기독교 미술가들의 인식변화를 촉구한 바 있다.[16] "지난 한 세기를 돌아볼 때 우리는 미술 문화의 전장으로부터 너무 멀리 후퇴하여 있었다. 기독교미술은 종교미술의 하나로 자리매김되어 미술의 한구석을 지켜왔다. 이제는 더 이상 뒤를 돌아보며 교회의 보호와 도움 속에 몸을 숨기고 지체할 때가 아니다. 세속화한 미술이라고 외면해 버릴 것이 아니라 뛰어들어 개혁하고 회복시키는 일들이 일어나야 한다."(오의석, 1996:193) 오의석은 미술 현장에서 실천적인 예술론의 필요성을 절감했다. 그렇기에 그는 현실 문화에 참여하여 대안의 소리를 내야 한다고 강조해 왔다. 그리고 첨예한 담론들이 폭주하는 현대미술 속에서 기독교인으로서 분명한 정체성, 즉 기독교 세계관을 갖고, 매력적이고도 설득력 있게 진리를 수호할 수 있는 예술 창작에 나설 것을 촉구했다. 그는 기독교미술이 중세미술의 역할을 떠안는 것에 반대하면서 "세상 문화의 도전으로부터 교회가 자신을 지키고, 나아가서 세상의 문화를 변혁시키기 위해서는 교회가 문화적 관심과 이해를 높이지 않을 수 없다."(오의석, 1996:129)라고 주장했다.

젊은 작가들은 현실 문화의 참여와 안으로부터의 개혁에 박차를 가했다. 기존 기독교미술이 문화적 현실과 괴리돼 있다고 여긴 젊은 작가들은 "보다 적극적이고 치열하게 미술계와 문화계에 도전하고 대안을 연구하는 모임"(정복희, 1999:14)을 조직했는데, 낮은 울타리의 CUE(미술분과), 서울대 '프로

클레임'과 홍익대의 멀티슬라이드 영상제작팀 '하늘그림자', IVF 예술조, '엑수시아', '기독미술연구회', '기독교 현대미술연구회', '기독교미술비평연구회' 등이 여기에 해당한다.

"1990년대 들어서면서 작품 경향 또한 변화를 가져왔다. 우선 사회적 발언 형식의 작품들도 늘어나고 성경을 테마로 그리지는 않지만 그리스도인으로서 누리는 감각과 기쁨, 일상사에서의 관심 등을 작품으로 제작하는 사례가 급격히 많아졌다. 포스트모더니즘이 사회에서 엄청난 화제가 되고 문화 전반에서 발견되는 현상들을 볼 수 있을 때 한국교회는 사실 포스트모더니즘이란 용어 자체에 낯설어 하고 어떤 경우에는 극단적인 거부감을 표명하는 사태까지 있었는데 이 와중에 기독미술연구회나 기독교 현대미술 연구회 등의 회원들은 오히려 포스트 모더니티를 적극적으로 조형 어법으로 활용하기도 했다." (정복희, 1994:15)

정복희의 언급에서 보듯이 기독교미술이 사회와 문화를 외면하지 않고 참여한다는 것은 사회와 문화의 본질을 꿰뚫어 크리스천이 제 목소리를 냄으로써 이에 적극적으로 대처해 간다는 것을 의미한다. 구속을 문화적으로 의미 있는 사건으로 이해할 때, 문화는 창조의 소극적 보존이나 구속에 대한 준비보다 현재의 갱신에 관심을 둔다. (신국원, 2002:126) 그러므로 지배문화에 대한 이해 및 분석 없이 현재의 갱신은 예상할 수 없다.

사람들이 잘못된 신념과 가치관에 환멸을 느끼며 진정한 대답을 추구할 때 우리는 그들에게 대답할 준비를 갖추고 있어야 한다. 그러나 우리의 일상적인 결정과 행동을 지시하는 기준이 마련되어 있지 않다면 어떻게 될까? 예수가 모든 것의 근원이고 마지막이며 알파와 오메가라면 그를 떠나서는 어떤 것도 의미가 없다. 그리스도는 인간의 영혼으로부터 광대한 우주에 이르기까지 모든 피조물의 주인이 되신다. (빌립보서 2:10~12) 예술의 영역도 예외가 아니다. 우리는 기독교가 모든 것을 포함하는 진리이며 다른 모든 것의 뿌리가 된다는 사실을 믿을 수밖에 없다.(요한복음 14:6) 이들은 인생은 부조리하고 의미 없으며 자신의 선택으로 자신만의 의미를 만들어 내야 한다는 세대에 맞서서 어떻게 크리스천으로 살아야 하는지를 고민했다는 사실이다.

여러 모임이 조직되면서 크리스천 작가들의 잦은 교류와 만남이 이루어지고 전시와 토론회가 열렸다. 미술 단체의 규모가 커지자 '기독미술단체연합(CAGO)'을 조직하고 미술 문화 캠프를 개최하여 기독교 세계관에 입각한 조형예술을 모색하는데 노력했다. 그뿐만 아니라 각 지역에 유사한 모임을 태동시키는 계기가 되었다.(정복희, 1999:15) 비록 이들은 뚜렷한 예술적 성과를 내지 못한 채 단명에 그쳤으나 인본주의 문화의 딜레마를 직시하고 현실 문화와 씨름하면서 기독교적 관점 속에서 대안을 마련하고자 했던 점은 주목할 만하다.

1990년대는 기독교 예술에 관한 번역서가 집중적으로 출판되어 작가들과 청년들에게 지성적 욕구를 채워주고 문화갱신의 비전을 심어주었다. 프란시스 쉐퍼Francis Schaeffer의 『예술과 성경(Art and Bible)』(1995), 『기독교문화관(Christian View of Philosophy and Culture)』(1994), 한스 로크마커Hans Rookmaaker의 『현대예술과 문화의 죽음(Modern Art and the Death of Culture)』(1993), 『기독교와 현대예술(Art Needs no Justification)』(1987), 『예술과 그리스도인의 생활(The Creative Gift)』(1993), 진 에드워드 비스Jene Edwards Veith, Jr의 『그리스도인에게 예술의 역할은(State of the Arts)』(1991), 『성도가 예술에 대해 가져야 할 태도(The Gift of Arts)』(1992) 등은 소위 '성화'로 알던 기독교미술을 프로테스탄트의 관점에서 이해하는 데 커다란 도움을 줬다. 프란시스 쉐퍼와 로크마커는 기독교를 개혁주의 관점에서 봤을 때 단순히 구령(救靈)에만 목적이 있는 종교가 아니라 '삶의 체계'

라는 점을 강조했다. 이들은 기독교가 하나님의 선물인 예술에 대해 개신교적 시각을 가지고 세속주의의 물결에 직면하여 어떻게 기독교 세계관에 따라 변혁해야 하는지에 대해 밝혀주었다. 이들의 저술은 프로테스탄트 예술에 대한 이해가 부족했던 미술인들에게 문화적 청지기로서 예술적 소명을 깨우치는 중요한 기회가 되었다.

또한 1990년대에는 '한국기독교미술인선교회'와 '아트미션'이 창립되어 기독교미술 운동의 불길을 고조시키는 역할을 했다. 전자가 선교와 신인 발굴에 치중했다면, 후자는 예술과 신앙의 일치를 추구하는 경향을 보였으며 기본적으로 성경의 정신을 온전히 예술에 투사하고자 힘썼다. 이로써 기존의 '한국기독교미술인협회'와 더불어 기독교미술의 외연이 확장되고 활동 폭 또한 넓어졌다.

1992년 창립된 한국미술인선교회는 더욱 다이내믹한 문화 사역이 눈에 띈다. 이 단체는 한국문화예술 총연합회의 선교회 산하 단체로 발족하여 문화를 통한 국내외 선교에 중점을 두었다. 또한 "미술 전시회 개최뿐 아니라 전방위 문화 사역을 감당하는 단체로 자리매김을 해왔다."(기독신문, 2013.9.2.일자) 일반적으로 미술가들의 전시는 정기전과 특별전으로 구분된다. 미술 단체라면 대체로 정기전에 주력하는 편이지만, 한국미술인선교회의 경우 특별전에 더 주력하는 듯하다. 한국미술인선교회의 특별전은 '자선전'과 '해외전'으로 구분되는데 〈부랑인들을 위한 자선전〉(1992)을 비롯한 십여 건의 자선전을 보면 선교회가 단순히 전시행사에 머문 것이 아니라 미술을 통한 나눔에 앞장서 왔다는 사실을 알 수 있다. 또한 한국미술인선교회는 여러 해에 걸쳐 해외 전시를 열어왔다. 대표적으로는 〈한국기독인 미술전 2000〉(2000, 독일 쾰른, 뤼넨), 〈방콕 복음신학교, 방콕 국제학교순회전

〉(2001 방콕), 〈미전역 한인교회 순회전〉(2002 ,미 전역), 〈미주한인이민 100주년 기념전〉(2003, 하와이 NBC, LA 아스토갤러리), 〈한국인도수교 30주년 기념전〉(2003, 뉴델리), 〈우즈베키스탄 우정의 예술제〉(2004, 타쉬겐트 아트 뮤지엄), 〈카자흐스탄 우정의 예술제〉(2006, 카자흐스탄 아스타나), 〈태국전〉(2009, 센트럴 월드), 〈국내외 미술인 선교회 방콕전시〉(2010, 방콕 에스프라네이드) 등이다.

미술인선교회의 또 다른 사역으로는 참신하고 유능한 후진양성이 있다. 이를 위해 한국미술인선교회는 1993년부터 〈대한민국기독교미술대전〉을 매해 개최해 전국의 신진작가들을 발굴하고 육성해 왔다. 2022년까지 총 30회의 공모전을 개최해 온 셈인데, 한 단체가 이런 사업을 지속해 왔다는 사실은 이들이 문화선교를 실현하고 기독교 문화 창달을 위해 얼마나 큰 노력을 해왔는지 보여준다.

1998년 창립된 '아트미션'은 기독교 세계관이라는 관점하에 교회와 세상이라는 이분법을 지양했다. 이런 맥락에서 삶의 체계로서의 기독교, 즉 신앙과 예술의 통합이라는 비전을 표방했다. 크리스천들이 자신들의 영토 안에만 머물러 있다면 그것은 모든 빛을 교회 안에 가둬두는 것이라는 문제점을 인식한 듯, 전시장소도 교회가 아닌 인사동이나 사간동 등 사람들이 붐비는 화랑 밀집 지역을 택해왔다.

아트미션의 주요 사역은 크게 '미술 행사'와 '포럼 개최'로 요약된다. 그중에서 미술의 꽃이라고 할 수 있는 전람회는 그때마다 주제를 정하는 주제전 형식으로 이뤄졌다. 주요 전시는 〈마태 1-8〉(1998), 〈함께하는 세상〉(2003), 〈원더풀 데이즈〉(2005), 〈러블리 에디션〉(2006), 〈거룩한 상상〉(2007), 〈예술, 희락〉(2008), 〈Footprint〉(2008), 〈영혼의 정원〉(2009),

〈4(For) You〉*(2009)*, 〈조이풀〉*(2010)*, 〈사랑합니다〉*(2010)*, 〈뉴 호라이즌〉*(2011)*, 〈Arms of Grace〉*(2012)*, 〈길〉*(2013)*, 〈측은지예-심(心)〉*(2014)*, 〈이미지 & 비전〉*(2015)*, 〈예술적 진실〉*(2016)*, 〈함께하는 마음〉*(2017)*, 〈소망, 기억하다〉*(2018)*, 〈보듬어주는 시선〉*(2019)*, 〈기억하는 사람들〉*(2020)*, 〈아트 컴패션〉*(2021)*, 〈정다운 이웃〉*(2022)*, 〈긍휼〉*(2023)* 등이 있다.

또한 아트미션의 다른 특징은 정기적으로 모여 공부를 하고 특정 주제에 관해 토론하는 세미나를 연다는 점이다. 이로써 기독교 미술가로서, 예술가로서의 고민을 나누는 동시에 정체성을 다진다. 기독교 예술의 과제와 미술계의 이슈를 점검하는 것은 매해 개최되는 크리스천아트포럼(C.A.F)에 잘 나타나 있다. 아트미션은 매해 전문가를 초빙해 학술 세미나를 개최하고 연구물을 단행본으로 묶어 출간해왔다. 주요 앤솔러지anthology로는 『예술·문화적 실재 찾기』*(2006)*, 『현대미술 구속과 부패 사이』*(2007)*, 『기독교와 예술의 충만 I』*(2008)*, 『기독교와 예술의 충만 II』*(2009)*, 『뉴 호라이즌』*(2011)*, 『예술적 창조성과 영성』*(2012)*, 『박수근 회화 새로 보기』*(2014)*, 『이미지와 비전』*(2015)*, 『예술적 진실』*(2016)*, 『소망, 기억하다』*(2018)*, 『Beauty & Eternity』*(2019)*, 『기독교예술과 사회적 책임』*(2021)*, 『생명돌봄의 예술』*(2023)* 등을 들 수 있다.

한편 한국기독교미술인협회는 1995년 창립 30년을 맞아 종로갤러리에서 협회전을 가졌고, 『한국기독교미술인협회 30년사 1966-1995』를 발간했다. 이 책자에는 그간 협회의 발자취를 점검하며 역대 회장들의 좌담회와 함께 역대 총무단의 회고, 여섯 편의 아티클을 수록했다.[17] 이 책자에서는 이연호에 이어 정재규, 서봉남, 김병종, 박정근 같은 미술인들이 활발한 집필과 연구를 해왔음을 알 수 있다. 한국기독교미술인협회는 이후 홍보 및 연구에도 관심을 돌려 소식지 『그리스도 안에서』와 더불어 연구 책자 『프로레게(Pro Rege)』를 지속하여 발간해 왔다. 특히 2005년 신설된 협회 산하의 이론분과에서 『영광스러운 극장 안에서』(2006), 『한국기독교미술의 흐름』(2007), 『창조질서의 재발견』(2009), 『종교개혁과 미술』(2011), 『한국현대기독교미술 50년』(2015), 『기독교미술 이야기-여섯 개의 시선』(2021) 등을 발간했다.

2000년대는 상업화의 쓰나미가 미술계를 강타한 시기이다. 전국을 뜨겁게 달군 아트페어와 같은 마켓의 바람이 어느 때보다도 거세게 불어 닥쳤다. '옥션', '블루칩', '아트펀드', '아트 페어' 등의 새로운 용어들이 요동쳤다. 기독교 미술가들 역시 상업화의 유혹에서 벗어날 수 없었다. 국내에서 개최된 거의 모든 전시가 아트 페어 형식으로 치러질 정도로 그 여파는 거셌으며, 일거에 미술계를 집어삼킬 기세로 밀려들었다. 미술 소식이 매스컴에 오르내리지만, 정작 미술은 없고 작품가격과 최고가를 경신한 인물이 뉴스를 장식했다. 작가에게 마켓은 없어선 안 될 제도지만, 2000년대의 특성인 '상업화'는 생계형 작품 판매나 유통이 아닌 자본에 의한 미술의 잠식을 의미한다. 즉, 이 말은 '미적인 가치'가 아닌 '경제적 가치'가 목적이 되는 예술 기준의 위협을 의미하는 것이다.

2000년대만큼 가치의 추락과 비전의 빈곤이 우리 미술의 발전을 저해하는 요인으로 지목받게 된 시기도 없다. 과거의 미술이 삶의 고양, 공감, 상상의 고취 등과 관련이 있었다면, 이 시대의 미술은 오로지 얼마나 재화를 축적하느냐에 달려 있다. 작품 판매량에 따라 예술을 판단하는 것은 섬김과 나눔을 중시하는 성경의 정신에 맞지 않을 뿐 아니라 우리의 마음을 높은 수준과 가치로 끌어올리는 고결함, 아름다움, 의미, 사랑, 자비와 같은 기독교적인 가치와 배치된다.(Schaffer, 1996:109) 그럴수록 하나님이 우리에게 주신 예술의 '구조적 법칙'(서성록, 2003)을 인식해야 한다. 또한 기독교인으로서 이 시대에 우리의 사명이 무엇인지 그리고 우리 공동체의 번영에 어떻게 기여할 것인지의 성찰이 선결되어야 한다.

2000년대에 들어 개교회 중심으로 기독교미술이 꾸준히 확산한 점도 특이하다. 각 교회에서는 미술인들을 중심으로 미술인선교회를 조직하고 전시회를 여는 등 문화 사역에 적극적으로 임했다. 지구촌 전문인 미술선교회, 온누리교회 아트비전, 광림교회 미술인선교회, 사랑의교회 미술인선교회, 영락교회 미술인선교회, 동안교회 미술인선교회, 임마누엘 미술선교회, 샘 미술선교회, 강원도 기독교미술인협회 등이 그러하다.

이들 단체는 교회 내에서 이루어지는 사역과는 별개로 2012년 〈대한민국 크리스천 아트피스트전〉을 창립하여 매해 전람회를 개최하고 있다. 밀알미술관(2012)에서의 첫 정기전을 필두로 광림교회(2013), 가나 인사아트센터(2015), 원주 치악예술관과 원주 세브란스, 태백아트하우스(2016), 선바위미술관(2017), 사랑의교회(2018), 한전아트센터(2019), 온라인정기전(2020), 금보성 아트센터(2021), 마루아트센터(2022) 등.[18] 여러 교회가 연합한 연립전 성격의 아트피스트는 '시각예술을 통한 문화 사역'이라는 취지 아래 기독교미술에 대한 교계의 관심과 협력, 기독교 미술인들의 정체성 확립과 가치 모색 등을 추구하며 기독교미술의 확산에 앞장서고 있다.[19] 최근의 움직임은 기독교미술이 21세기 교회 사역의 주요 영역이 되었다는 사실을 일깨워 준다.

한편 이화여대 출신으로 구성된 이화기독교미술인회(ECCA)가 2015년 창립되어 매해 정기전을 열고 있다. 이 단체는 작가들의 정기모임을 통해 성경 말씀을 묵상하고 그 내용을 자신들의 시각으로 풀이한 작품들을 발표한다. 지금까지 '창립전'(2015), '하나님의 식탁'(2016), '하나님의 창조'(2017), '새 하늘 새 땅'(2018), '마르투스'(2019), '로고스'(2020), '예배드림'(2021), 'Exodus'(2022), 'The Glory'(2023) 등을 주제로 전시회를 열었다.

한국 기독교미술의 과제

앞서 우리나라 기독교미술의 흐름을 짚어봤다. 초기의 기독교 작품에서는 한복을 입고 조선의 산천을 배경으로 하는 등 토착적인 색채가 농후했으며, 해방 후 개별적으로 진행되던 기독교미술은 한국기독교미술인협회가 창립됨으로써 본격화되었다. 이후 기독교미술인협회를 구심점으로 전시 활동이 이루어졌고 점차 회원 수도 증가했다. 1980년대에는 잇단 해외 진출과 함께 작품에 현저한 변화가 나타났다. 이 시기 동안 김학수의 「예수의 생애」, 서봉남의 「영광」, 윤영자의 「한국기독교 100주년 기념탑 인물조각」, 김영길의 선교용 회화, 김병종의 「바보산수」가 제작되면서 기념비적인 작품들을 남기는 성과를 올렸다. 1990년대에는 문화운동의 성격을 띤, 일련의 청년 미술단체와 한국 미술인 선교회, 아트미션과 같은 단체가 속속 출현하면서 기독교미술이 한층 뜨거워졌다. 그리고 그 흐름은 2000년대에 개교회 중심의 미술인선교회가 등장하면서 교회에서 문화 사역에 적극성을 보였다. 처음에는 미미하던 기독교미술이 여러 작가의 헌신으로 두드러진 발전을 보였음을 짧게나마 점검했다. 그간의 기독교미술을 살펴보면서 느낀 소감과 과제를 몇 가지로 정리해본다.

첫째, 한국 기독교미술의 한복판에는 한국기독교미술인협회가 있었으며, 우리나라의 기독교미술은 협회를 근간으로 발전해 왔다. 초창기 이연호, 정규, 홍종명, 황유엽, 신영헌, 이명의, 김영재, 김은호, 김기창, 안동숙, 김학수, 김정숙, 윤영자, 최병상, 김기승, 이철경과 같은 미술가들이 첫 삽을 뜬 이후, 현재는 그들의 정신을 후배 미술가들이 이어가고 있다. 한국기독교미술인협회가 기독교미술 운동의 물꼬를 튼 역사적인 '모태적 단체'(오의석, 1996:132~33)라는 데에 이견(異見)을 제기할 수 없을 것이다.

이 작가 중 일부, 즉 홍종명, 황유엽, 신영헌, 김영재, 김학수, 이정수 등은 한국전쟁 이전이나 전쟁 중에 신앙의 자유를 찾아 천신만고 끝에 남한 땅으로 내려온 작가들이다. 여기에 포함되지는 않지만, 크리스천인 박수근, 황용엽도 북한 체제의 탄압을 피해 남하한 작가들이다. 이 작가들이 남한 출신의 작가들과 의기투합해 '사랑과 구속의 문화'에 불씨를 지핀 것은 여러모로 큰 의미를 지닌다. 지금은 대부분 작고했지만, 이들의 존재는 분단국가의 현실을 고스란히 보여주는 동시에 이들과 같은 예술인들이 있었기에 이 땅에 기독교 예술이라는 텃밭을 가꿀 수 있었다.

한편 신구세대의 조화는 협회가 안고 있는 당면과제가 아닐 수 없다. 창립 멤버들이 상당수 소천하고 그 자리를 후배 작가들이 대신하고 있으나 현 작가들의 연령대마저 비교적 높은 편이다. 경륜 있는 작가들이 현역으로 있기에 단체의 안정성을 기할 수는 있지만, 한편으로 현실 문화에 대처하는 데는 일정한 한계를 노정할 수밖에 없다. 이런 점을 개선하기 위해 근래에 한국기독교미술인협회가 젊은 작가들과의 만남, 유치에 적극 나선 것은 고무적인 일이다. 최근 5년 동안 가입한 신입회원이 100여 명에 이르고 회원 수도 270명이나 된다고 하니 고무적인 일이 아닐 수 없다.(방효성 전화 인터뷰, 2023.4.18.)

둘째, 그리스도의 생애를 다룬 작품이 한국적인 풍토에서 다루어졌다는 점이다. 운보 김기창이 6·25 전란 중에 제작한 「예수의 탄생」 연작은 예수 님과 그가 살았던 시대 상황을 한국문화로 바꾸어 놓음으로써 기독교의 토착화 문제를 의제로 삼았다. 또한 동시에 전쟁으로 고통받던 사람들에게 위로와 희망을 선사했다. 토착화의 관점은 김학수와 정명희, 가톨릭의 장발, 배운성, 장우성 등에서도 찾아볼 수 있다. 토착화의 시각은 기독교미술의 도입단계에서 일면 긍정적인 역할을 한 것은 사실이지만, 기독교미술의 논의가 그러한 차원에만 머문다면 기독교 예술이 지닌 역할과 책임을 다할 수 없다. 그 경우 성경의 정신을 현재 삶의 지평에서 점검하고, 대속적 사랑과 샬롬의 문화, 문화명령, 그리스도의 주권 확립과 같은 기독교 정신을 반영하는 데는 미치지 못하게 될 것이다. 즉, 토착화의 관점은 기독교미술의 정착 과정에서 나타나는 현상으로 봐야지 그 자체를 궁극적인 목표로 간주하기 어렵다는 뜻이다.

우리는 토착화보다 더 큰 의제를 안고 있는데, 그것은 바로 '문화개혁'이다.[20] '문화개혁'은 크게는 하나님 나라 건설의 일부로서 "기존의 예술을 성경적 진리에 비추어 변혁하는 일과 창조주의 뜻에 부합하는 새로운 예술을 창조하는 일"(신국원, 2002:201)로 요약된다. 인간의 문화는 하나님의 뜻과는 반대로 소외, 생명 경시, 허무주의, 카오스 등 전혀 다른 방향으로 기울어졌다. 그럴수록 기독교 예술가들은 선한 창조계의 회복이라는 관점에서 '구속의 새로운 원리'에 입각해 문화를 재창조하는 문화 청지기의 역할을 다해야 한다는 점이 강조되는 현실이다.(Wolters, 1992:81) 예수님이 죄로 얼룩진 인간을 구속하셨듯이 예술도 구속받아야 하며, 기독교 예술가들은 이를 추진할 사명을 받았다. 초기 한국의 미술가들이 기독교가 문화적으로 친근하게 다가설 방안에 대해 고민했다면, 기독교가 정착한 현시점에서는 기독교 세계관에 입각한 예술이 우리 문화의 대안이 되도록 노력해야 할 것이다.

셋째, 기독교미술과 '성화(聖畫)'의 구별이다. 흔히 기독교미술을 '성화'로 부르는 이들이 있다. '성화'란 '거룩한 그림'이라는 뜻으로 세속과 구별된 미술을 일컫는다. 이런 구분은 미술에 신비성을 부여하는 효과도 발휘하지만, 기본적으로 가톨릭의 이콘 전통에 따른 것이다. 그들은 세상은 속되고 교회는 거룩한 곳이므로 세속 사회의 미술을 교회의 미술과 구분하는 의미로 '성화'라는 용어를 사용했다. 만일 성경의 줄거리나 내용을 모티브로 삼은 것이라면 '성경적 회화(Biblical painting)'라고 부르는 것이 더 적합할 것이다. '성화'라는 용어는 프로테스탄트가 추구하는 방향과 맞지 않으며 무언가 신비한 종교성의 분위기에 호소하는 위험을 안고 있다. 더욱이 '성화'를 보고 그 앞에서 기도하면 무언가 효험을 보거나 이적이 일어날 것만 같은 오해를 일으킨다. 따라서 이 용어는 종교 개혁적 시각과는 거리가 있다. 모든 은사는 하나님이 주신 것으로 세속적인 것과 거룩한 것의 구별이 무의미하기 때문이다. 그것을 사용하는 사람에 따라 의미가 달라지기 때문에 종교개혁가들은 예술을 '아디아포라(adiaphora)'로 분류했다. 어떻게 사용하느냐에 따라 긍정적일 수도 부정적일 수 있다는 뜻이다. 하나님은 믿는 자뿐만 아니라 믿지 않은 자에게도 예술적 은사를 선물로 주셨다. 중요한 문제는 그 예술적 은사로 '좋은 삶'과 '좋은 사회'를 위한 사역에 참여할지, 아니면 개인의 만족과 영광을 추구할지이다.

존재하는 모든 것은 그분의 명령에 따라 존재하게 됐으며, 따라서 모두 그분에게 속한 것이고, 그분에게 속한 모든 것은 그분 안에서 목적과 의미를 찾아야 한다. 하나님은 아름다운 세계를 창조하셨고, 미학의 원리와 예술의 창조 능력을 주셨다. 삶의 모든 영역에서 진정한 지식이란, 하나님께서 구성하신 법칙과 원칙을 이해하고 그런 법칙들이 우리가 살아가는 방식을 형성해 가도록 받아들이는 것이다.

넷째, 기독교미술의 발전을 가로막는 요인 중 하나로 환경적 요인을 들 수 있다. 한국 교회는 역사상 유례가 없는 성장을 이룩했지만, 과연 문화적으로도 좋은 성적을 냈는지는 곰곰이 생각해봐야 한다.[21] 예나 지금이나 교인들은 문화예술과 담을 쌓고 지내는 것이 일상화된 듯하다. 심지어 미술 자체를 불온시하거나 우상으로 여기는 시각이 교계에 도사리고 있다. 이것은 하나님께서 인간에게 부여하신 예술적 은사의 결과로 이해한 프로테스탄트의 전통적 관점과도 불일치한다.(김영한, 1992:205)

캔 마이어스Kenneth Myers는 만약 우리가 하루 세끼를 모두 패스트푸드점에서 해결한다면 그런 관습은 음식의 의미에 관한 우리의 견해에 영향을 미친다고 이야기한다. 그러면서 "당신이 늘 먹는 음식이 우습게 생긴 모자를 쓴 청년이 배달해 주는, 종이상자나 스티로폼으로 포장된 음식이라면, 그것은 성경에 등장하는 어린 양의 혼인 잔치 비유에서 당신이 받는 인상에 영향을 끼치지 않겠는가?"(Kenneth Myers, 1992:124)라고 반문한다. 우리가 싸구려 키치문화에 중독돼 간다면 그럴수록 미학적 체험은 현저히 줄어들 테고, 나아가 우리의 정서 체계마저 침식시킬 것이다. 미학적 체험은 인간의 경험 세계를 더 넓고 깊게 만들 뿐만 아니라 인간의 사랑과 연민을 또한 풍성하게 만든다. 공히 인정하듯이 21세기는 문화가 지배하는 시대다. 교회가 예술 사역의 중요성을 인식한다면, 문화의 부식을 저지하고 하나님의 뜻에 부합하는 아름답고 선하고 참된 문화의 발전에 관심을 두고 힘을 쏟아야 한다.

다섯째, 온갖 세계관이 충돌하는 문화전쟁에서 기독교 미술인들의 역량을 강화해야 한다. 웨슬리 허드Wesley Hurd는 미술이 반기독교적 세계관에 포

위당하게 된 이유를 크리스천 자신이 기독교 하부문화와 게토 정신에 바리게이트를 치고 안주했기 때문이라고 분석한 바 있다.[22] 이는 매우 뼈아픈 지적이다. 세상 자체를 부정적으로 사고할수록 그것으로부터 자꾸 분리해 나오려는 욕구가 생기기 마련이다. 우리가 현실 세계의 죄성 앞에서 움츠러든다면 우리가 그 세계를 하나님의 나라로 회복시켜야 할 과제는 그만큼 지연될 수밖에 없다. 그러나 바로, 이 세상이야말로 하나님께서 그리스도를 보내셨을 만큼 사랑하신 세계임을 기억해야 한다.

미로슬라브 볼프Miroslav Volf는 『광장에 선 기독교』에서 기독교공동체의 예언자적 역할은 세상을 고치기 위해, 인간의 번영을 위해, 그리고 공공선을 위해 세상에 참여하는 것이라고 말한다. 또한 기독교 정체성을 세상 속으로 투사해야 하며, 그 방법으로 그들의 전 존재를 통해 세상에 참여하는 공공성을 강조한 바 있다.(Volf, 2014:134) 이 말은 기독교 미술가들이 성찰해 볼 만한 점들을 제공한다. 즉 하나님은 우리를 세상에 두심으로 우리가 세상 사람들에게 선한 영향력을 펼칠 수 있게 하셨다는 말이다. 세상 문화에 담을 쌓고 문을 걸어 잠근다면, 그것은 구별이 아닌 분리이고 단절을 뜻한다. 하지만 크리스천은 성경적 가치로 세상이 이기적 목적으로 만든 온갖 담을 허물어야 한다. 오히려 우리는 문화적 단절을 선택하기보다는 그 문화를 기독교적으로 해석하고 파고들어 변화시키는 존재임을 기억할 필요가 있다.

그동안 한국의 기독교 미술가들은 무엇을 성취했으며, 어떤 족적을 남겼을까? 열악한 조건 속에서도 기독교 정신에 따라서 창작 생활을 해온 작가들이 있었기에 이방 문화로 들끓었던 이 땅에 새로운 문화를 확립하고 '구속의 아름다움'을 제시할 수 있었다. 우리는 세상 안에 있지만, 세상에 속하지 않는 존재이다. 즉 하나님께서 우리를 세상 가운데에 두셔서 세상 사람들에게 긍정적인 영향을 주거나 영향을 미칠 수 있게 하셨다. 교회의 무관심과 세속주의의 도전에도 불구하고 기독교 예술가들이 문화의 영역에서 그리스도인으로서의 목소리를 내는 것은 큰 의미를 지닌다. 문화의 타락에 직면하여 창조 질서에 따라 문화 돌봄의 역할을 감당해 내고, 세상 문화에서는 볼 수 없던 대안적 모델을 제시해야 할 책임을 지고 있기 때문이다. 한국 기독교 예술에 대한 미래도 바로 여기서 찾을 수 있을 것이다.

03

김진명

| 장로회신학대학교 교수

장로회신학대학교에서 구약학 교수로 재직 중이다. 성화 해석과 성경해석을 융합한 '미학적 성경 주석' 방법론과 목회와 성서신학을 위한 '정경적 전개'에 관한 주석적 연구방법론을 제안하고, 이를 활용한 지속적인 연구와 교육을 통해 교회와 신학이 서로 소통하는 일에 많은 관심과 노력을 기울이고 있다. 저서로는 『하나님이 그려주신 꿈 레위기』, 『표준주석:민수기』, 『모세를 만나다』 등이 있다.

운보 김기창과 혜촌 김학수의 성경읽기와 그리기

한국의 기독교 미술에서 '예수 그리스도'를 한국화로 표현하고자 했던 화가들 가운데, 예수님의 생애 전체를 주제로 그림을 그린 대표적인 화가로는 운보 김기창과 혜촌 김학수가 있다. 운보와 혜촌 두 사람 모두 북쪽에 고향이 있으나 북한이 공산화되는 과정에서 기독교 신앙을 지키기 위해 남하했던 실향민이다. 그들은 6·25전쟁 이후 대한민국에서 그리스도인의 삶을 살았는데, 운보는 노년에 개신교에서 로마 가톨릭으로 개종했다. 혜촌은 북에 두고 온 가족을 그리워하며 끝까지 재혼하지 않고 개신교 교회의 장로로 많은 이에게 신앙의 본이 되는 삶을 살았다.

이 글은 본래 '미학적 성서해석'을 방법론으로 사용하여[1] 새로운 성경 해석의 가능성을 모색하고자 했던 연구 논문이다. 해당 논문에서는 한국 전통 수묵화 기법으로 그려진 성화 작품과 그에 연관된 구약과 신약의 성경 본문들을 함께 조사하고 해석함으로 화가의 작품에 대한 도상학적 해석과 해당 본문의 성서 신학적이며 주석적 연구 결과를 종합적으로 다뤘다. 그 논문을 바탕으로 작성한 본 글에서는 혜촌과 운보가 그린 성화 작품들을 비교하고 분석하면서 해설했던 부분을 보완하고 수정하여 소개하고자 한다.

운보 김기창과 혜촌 김학수는 예수 그리스도의 광야 시험을 기록한 마태복음 4장의 내용을 각각 성화로 그렸다. 이 글에서는 마태복음 4장에 대한 주석적 작업의 결과로 그들이 표현한 각각의 예술작품에 대한 도상학적 해석을 시도했는데, 한국화로 표현된 본문 묘사와 수묵화로 표현한 기법들은 기독교 정신과 문화 그리고 성경의 주제들이 한국적인 전통문화와 접목함을 의미한다. 또한 두 화가의 작품에서 기독교 신앙의 독창적인 토착화 작업의 시도로서 의미를 파악할 수 있다.

운보와 혜촌의 공통분모는 마태복음 4장에서 인용한 신명기 6장과 8장 본문이다. 해당 말씀은 구약의 유일신인 하나님 신앙을 상세하게 설명하는 문맥으로 십계명의 제1계명과 밀접한 관계가 있다. 그러나 마태복음 4장 본문에서는 하나님의 아들이며 메시아인 예수께서 세례받은 사건과 공생애 사역의 가운데 위치한 '광야 시험' 이야기 문맥 속에서 구약의 본문들을 재해석하고, 앞으로 전개될 그리스도의 공생애와 사역의 특징과 의미를 보여준다. 이 말씀을 담은 운보와 혜촌의 작품은 예수님의 공생애 사역이 보이지 않는 영적인 세계의 차원과 연결된 일이라는 사실을 구체적이고, 시각적이며, 입체적으로 잘 드러내 주었다.

운보와 혜촌 작품의 이해

이연호는 운보 김기창 화백(이하 '운보', 1914~2001)과 혜촌 김학수 화백(이하 '혜촌', 1919~2009)을 가톨릭 신자로서 활동하는 다른 화가들과 따로 분류했다. 『한국 기독교와 예술』의 '5장 한국기독교 미술과 과제' 내용 중 '해방 전후와 개신교의 경우' 부분에서 개신교 화가로서의 두 사람을 다음과 같이 언급했다.

"개신교 측 작가들로서는 동양화에 우선 운보 김기창을 들 수 있겠다. 그는 이당(김은호)에게 사사받았고 신윤복을 연상케 하는 풍속화의 대가다. 그런데 그는 정확한 묘사력과 힘에 넘치는 달필로 많은 종교화를 그렸다 … 그의 그리스도는 갓 쓴 그리스도요 선비 같은 상류층 지도자의 모습으로 그려졌다 … 또한 혜촌 김학수는 허다한 풍속화적인 성화들을 그렸는데 특히 성탄을 주제로 한 소박한 그림들이 많다. 최근에 그는 <한국 기독교 역사화 및 예수 성화전>을 … 가지고"[2]

이연호는 운보와 혜촌의 성화에 관해 이야기하며, 운보를 '신윤복을 연상케 하는 풍속화의 대가'라고 평가했으며 그의 그림에서 묘사된 그리스도를 '상류층 지도자'의 모습이라고 표현했다. 혜촌의 풍속화적인 성화들에 관해서는 '소박한 그림들'이라고 묘사한다. 두 예술가가 한국 풍속화를 그렸다는 공통점은 있으나 예수 그리스도의 모습을 묘사한 방식에서는 두드러진 차이가 나타난다고 간단명료하게 해설했다.[3]

운보가 1950~1952년에 제작한 30편의 「예수의 생애」 작품들 가운데 여덟 번째 그림인 「사탄에게 시험받다」는 조선 시대 배경의 사대부 선비 모습으로 예수 그리스도를 묘사한 점이 특징이다. 이에 비해 혜촌이 예수의 생애를 그린 성화 36점 가운데 「광야의 시험」은 동일하게 조선조의 시대상을 배경으로 하면서도 '옛 유대 나라의 옷차림을 한 예수의 모습'이 운보의 그림과는 또 다른 차별성을 나타낸다.[4] 두 작품에서 운보와 혜촌은 공통으로 마태복음 4장 1~11절 본문을 읽고 해석해 그 결과를 그림으로 표현했으나, 이 본문은 구약의 신명기 8장과 6장의 몇몇 구절을 인용문으로 포함한다.

따라서 두 화가의 작품을 분석해 보면 기독교미술과 동양화와 구약과 신약의 요소들이 함께 반영된 특징을 발견할 수 있다. 이에 '미학적 성서해석'을 방법론으로 사용하여[5] 한국 전통 수묵화 기법으로 그려진 성화 작품과 그 다양한 특징들을 그에 연관된 구약과 신약의 성경 본문들과 함께 살펴볼 예정이다. 또한 화가의 성화 작품에 대한 도상학적 해석과 성경 본문 해석의 문제를 통섭적으로 살펴보고자 한다.

운보의 그림에 대한 도상학적 해석

운보의 그림 「사탄에게 시험받다」에서 중요한 세 가지 요소는 그림의 배경을 이루고 있는 산수화 부분, 사대부 선비로 묘사된 예수님, 시험하는 자와 마귀와 사탄을 묘사한 도깨비이다. 이 세 가지 요소는 모두 채색 수묵화로 그려졌다. 그런데 산수화 배경과 예수님의 모습은 전통 한국화 기법으로 묘

운보 김기창 「사탄에게 試驗받다」

사했지만, 또 다른 등장인물인 도깨비는 민화의 요소를 가미한 형태로 표현했다. 민화는 정통화와는 다른 상징화로서 해학과 풍자의 멋을 특징적으로 보여주는 그림이다.[6] 민화로 표현된 운보의 '도깨비'는 뿔이 없고, 털이 많으며, 큰 덩치가 특징인 '한국 도깨비'의 모습을 비교적 잘 나타낸다.[7]

연결하여 소개하는 신약의 본문은 마태복음 4장 1~11절 본문이다. 그중 이 작품에서 묘사하는 장면과 직결되는 본문의 범위는 세 차례의 시험 중 첫 번째 시험을 기록한 4장 3~4절이다.[8]

"시험하는 자가 예수께 나아와서 이르되 네가 만일 하나님의 아들이어든 명하여 이 돌들로 떡덩이가 되게 하라. 예수께서 대답하여 이르시되 기록되었으되 사람이 떡으로만 살 것이 아니요 하나님의 입으로부터 나오는 모든 말씀으로 살 것이라 하였느니라 하시니"

운보는 3절의 '시험하는 자'를 사람이 아닌 존재로 해석했고, 그의 작품에서 '도깨비'로 묘사했다. 시험하는 자는 양손에 각각 커다란 돌덩이 두 개를 들고서 예수를 시험하는 물음을 던지고, 예수께서는 그 도깨비의 두 손에 들려 있는 돌들을 지긋이 바라보고 있다. 이 순간을 포착한 형태로 그림의 인물들이 그려졌는데 이 장면은 두 가지 해석이 가능하다. 예수께서도 입을 다물고 있고, 도깨비도 입을 다물고 있다. 도깨비 얼굴 측면으로 보이는 눈은 힘이 너무 들어가서 돌출할 것처럼 보이지만, 예수님의 눈길은 한없이 고요하고 평온해 보이는 특징이 대조적으로 표현되었다.

도깨비의 긴 손톱과 발톱, 그리고 쭈뼛이 서 있는 머리카락과 상반신을 노출한 맨발의 모습은 삿갓을 쓰고, 도포를 입고, 신을 신고, 옷고름과 바지의 매듭과 갓끈까지 단아하게 정리된 모습으로 차려입은 사대부 선비의 옷매무새와 극적인 대조를 보여준다. 예수님의 모습에 표현된 후광은 인물의 비범함을 '아우라'로 느낄 수 있도록 해주며, '하나님의 아들'이라는 부정할 수 없는 사실을 고스란히 담아내고 있다.

운보의 한국화에서 특징적으로 나타나는 원근법이 이 작품에도 그대로 반영되었다. 원경에는 흐릿한 형태로 높은 산들이 표현되었고, 근경에는 예수님과 도깨비가 세밀하게 묘사된 형태로 그려져 있으며, 그 사이에는 수풀과 나무가 어우러진 산세가 농도를 달리한 채색 수묵화로 묘사되었다. 작품의 원근법적인 표현과 더불어 산과 물줄기와 절벽의 암석들을 우아하며 길고 수려한 선과 색으로 그려낸 점이 뛰어나다. 먹의 농도를 세밀하고 섬세하게 조절해 표현한 겹겹이 쌓여 있는 듯 보이는 산들이 작품 전체의 입체감과 신비감을 더해주고 있는 점도 인상적이다.

혜촌의 그림에 대한 도상학적 해석

혜촌의 작품은 운보의 작품과 비교해 볼 때 상대적으로 짧은 단선을 사용했으며, 그 특징은 관목과 작은 풀들과 크고 작은 돌들이 어우러진 바위산의 묘사에서 두드러지게 나타난다. 운보의 그림에서 예수님은 조선 시대 사대부 선비로 묘사되어 우아하고 세련되며 부드럽다는 특징이 있지만, 혜촌의 그림 속 예수님은 옛날 이스라엘 사람들이 입었던 의복을 걸치고 샌들 형태의 신발을 신은 소박하고 투박하며 이국적인 모습의 인물로 묘사되었다. 운보의 예수님이 귀족적인 고급스러움이 느껴지는 모습이라면, 혜촌의 예수님은 서민적이고 소박한 아름다움을 느낄 수 있는 모습을 보여준다.

혜촌 김학수 「광야의 시험」

혜촌의 그림을 보면 근경에는 예수님과 시험하는 자와 벼랑으로 묘사된 시험산이 배치돼 있고, 원경에는 가까이 보이는 산의 좌우편에 있는 작은 산들과 마을의 모습이 그려져 있다. 그림의 중간 부분을 보면 가운데 인물은 예수님이고, 좌우편에는 도깨비의 모습들이 묘사되었다. 그림을 바라볼 때 우측에 보이는 도깨비는 시험을 끝마치고 뒤돌아서서 하산하는 뒷모습으로 묘사돼 있고, 좌측에 보이는 도깨비는 정면을 가리키며 앉아 있는 모습으로 묘사되었다. 회색빛의 피부와 머리에 달린 두 개의 뿔, 그리고 털이 잘 보이지 않는 피부의 형태는 전통적인 '한국 도깨비'보다는 일본 도깨비로 알려진 '오니'에 더 근접한다는 특징을 띤다.[9]

조선 시대에는 유교적인 전통에 따라 괴이한 일이나 귀신에 관한 이야기는 언급하는 것조차 금지되었지만, 일제강점기 때에 일본문화와 함께 '요괴' 이야기들이 우리나라에 대량으로 유입되었다. 그 대표적인 요괴들 가운데 하나가 '오니'이다.[10] 그림 속의 '시험하는 자'인 도깨비는 일본 요괴 가운데 고양이 혹은 호랑이 무늬의 가죽을 두른 '화차'와 머리에 뿔이 달린 '오니'의 특징을 반영했다고 볼 수 있다.

오니는 거대하고 강하고 무서운 사람의 모습이라는 특징에서 한국의 도깨비와 유사성을 보여준다. 하지만 한국 요괴인 도깨비의 짓궂은 장난, 똑똑함과 멍청함의 양면성, 변화와 변덕이라는 특징과 달리 일본의 '오니'는 잔인함과 폭력성이 특징이다.[11] 오른손을 하늘로 향하여 올리신 예수님의 성난 표정을 통해 '대화'의 내용처럼 보이는 두 번째 시험을 기록한 5~7절의 본문보다는 꾸짖음의 어감을 담고 있는 세 번째 시험 장면의 8~10절과 더 밀접하게 연결된 것으로 해석할 수 있다.

"마귀가 또 그를 데리고 지극히 높은 산으로 가서 천하만국과 그 영광을 보여 이르되 만일 내게 엎드려 경배하면 이 모든 것을 네게 주리라. 이에 예수께서 말씀하시되 사탄아 물러가라 기록되었으되 주 너의 하나님께 경배하고 다만 그를 섬기라 하였느니라."

운보와 혜촌이 '시험하는 자'를 이렇게 사람이 아닌 도깨비로 묘사할 수 있던 근거는 4장 1절과 5절에 기록된 '시험하는 자'를 '마귀'와 동일시한 결과라고 해석할 수 있다. 그림의 가운데 위치한 시험산이 다른 산들보다도 더 높게 그려져 있는 특징은 '지극히 높은 산'이라는 마태복음 4장 8절의 표현을 반영했다고 해석할 수 있다. 운보의 작품보다 늦은 시기에 제작된 것으로 보이는 혜촌의 작품에서는 도깨비의 모습을 한국의 전통적인 '도깨비'보다는 일본 도깨비로 알려진 '오니'로 묘사했다. 이것은 혜촌이 성경 본문의 '마귀'라는 부정적 이미지를 의도적으로 이국적이거나 왜색의 이미지와 더 근접하게 묘사하기 위한 요소일 가능성도 있다. 혜촌이 그린 '오니'의 모습은 잔인함과 폭력성과 사람을 괴롭히는 망령으로서의 특징을 가졌는데, 이는 운보가 그린 해학과 풍자의 이미지를 반영한 한국적인 도깨비의 모습보다 성경에서 표현한 '시험하는 자'와 '마귀'의 이미지와 더 가깝다고 평가할 수 있다.[12]

예수님은 바람에 흩날리는 머리카락, 양손 각각 하늘과 땅을 향하여 곧게 뻗은 모습, 바람에 펄럭이는 옷소매와 겉옷 자락의 묘사는 단선을 사용한 소박한 필치로 표현되었다. 하지만 예수님의 얼굴에 담긴 굳은 표정과 일곱 개의 짧은 붓 자국으로 묘사된 후광은 하나님의 아들로서 예수님의 비장함을 느끼게 한다. 혜촌의 그림에서는 시험하는 자들을 하나님의 말씀으로 물리치고 승리를 선언하는 하나님의 아들 예수 그리스도의 모습을 만날 수 있다. 이 시험이 끝나가는 마지막 과정과 인류를 죄에서 구원하기 위한 대속의 죽음,(마가복음 10:45) 소명을 감당할 메시아로서 예수님의 공생애가 본격적으로 시작되고 있음을 암시하는 의미로 해석할 수 있다.

공관복음으로서 마태복음 4장 1~11절, 마가복음 1장 12~13절, 누가복음 4장 1~13절은 요단강에서 세례 요한에게 세례를 받으신 예수께서 본격적인 공생애 사역에 앞서 유대 광야로 나아가 40일을 금식하며 시험받으신 사건을 기록하고 있다. 여기서는 운보와 혜촌의 작품과 연결된 본문이자 공통분모인 세 차례의 시험 장면을 담은 마태복음 4장을 중심으로 살펴볼 예정이다. 그 가운데서 운보의 그림에 묘사된 장면은 돌들을 떡덩이가 되게 하라는 첫 번째 시험 내용에 해당하고, 혜촌이 묘사한 내용은 마귀가 높은 산 위에서 천하만국을 예수님께 보여주며 자신에게 절하라고 제안하는 세 번째 시험에 해당함을 그림의 도상학적 해석으로 확인할 수 있다.

마태복음 3장에 기록된 예수 그리스도의 세례 사건과 관련된 구약의 배경 본문은 이사야 42장과 시편 2편이다. 이 본문들은 메시아로서의 정체성이라는 주제와 연관이 있다고 해석된다.

"예수께서 세례를 받으시고 곧 물에서 올라오실 새 하늘이 열리고 … 하늘로부터 소리가 있어 말씀하시되 이는 내 사랑하는 아들이요 내 기뻐하는 자라 하시니라"
(마태복음 3:16~17)

"… 여호와께서 내게 이르시되 너는 내 아들이라 오늘 내가 너를 낳았도다" (시편 2:7)

"내가 붙드는 나의 종 내 마음에 기뻐하는 자 곧 내가 택한 사람을 보라 …"(이사야 42:1)

마태복음 4장은 출애굽 사건 이후의 영적인 이스라엘의 역사와 광야 시험이라는 주제를 연결해 본문의 배경을 제시한다.[13] 이를 통해 마태복음은 예수님을 자기 백성 이스라엘과 동일시하며, 구약의 이스라엘처럼 하나님이 요구하신 것을 성취해야 하는 선택받은 종으로 부름 받았음을 이야기한다. 또한 인용된 구약 본문들은 메시야적 맥락에서의 특징을 드러낸다고 해석할 수 있다.[14] 그렇기에 마태복음 4장의 시험 장면들은 예수께서 완성해 가야 할 사역의 길을 반영한다고도 볼 수 있다.[15] (마태복음 4:1~11)

운보와 혜촌의 작품과 성경 본문(신 6·8장, 마 4장)에 대한 통섭적 해석
한국 수묵화 작품으로 표현된 운보와 혜촌의 마태복음 4장 본문 해석

마태복음 4장 1~11절 본문 내용을 한국 전통 수묵화 기법을 사용해 묘사한 운보와 혜촌의 작품은 한국인의 정서와 문화를 기독교적인 신앙과 예술정신에 결합해 표현했다는 점에서 높이 평가할 수 있다. 운보의 작품 속 예수 그리스도는 조선 시대 사대부의 단아하고 정갈한 모습과 선비의 기품을 가진 인물로 나타난다. 이에 비해 혜촌은 운보와 마찬가지로 조선 시대를 배경으로 예수의 생애를 묘사하면서도 예수 그리스도의 모습만 신약시대 유대인의 모습으로 묘사한 점이 가장 큰 차이라고 할 수 있다. 운보는 마태복음 4장 본문에 수록된 세 가지 시험에 관한 내용 가운데 첫 번째 장면을 묘사했고, 혜촌은 세 번째 시험 장면을 그림에 담아냈다. 운보와 혜촌의 작품을 동시에 살펴보면 4장 1~11절의 내용이 어떻게 전개되고 펼쳐져 갔는지를 시간의 흐름 속에서 느낄 수 있게 해줄 뿐만 아니라, 그 장면을 눈으로 직접 볼 수 있게 해준다.

운보는 예수 그리스도의 표정 묘사에서 감정을 전혀 드러내지 않은 채로 시험하는 자에게 답변하는 정면 모습을 그려주었고, 매우 정적이고 차분한 느낌이 들 수 있도록 인물을 표현했다. 하지만 상대인 시험하는 자의 얼굴은 대답을 간절히 기다리는 표정으로 보이기도 하고, 자신의 시험을 무색하게 만들어 버린 답변을 들은 후의 매우 놀란 감정과 당황스러운 눈빛의 표정으로 보이기도 한다. 이렇듯 작품을 통해 마태복음 4장의 본문 자체만 봤을 때는 드러날 수 없는 감정과 분위기와 느낌을 그림으로 생생하게 담아냈다는 점이 특징이라고 평가할 수 있다.

혜촌의 예수 그리스도에 대한 묘사 역시, 예수님의 감정을 뚜렷하게 담아냈다는 특징이 있다. 조선 시대 선비와는 전혀 다른 옷차림과 소박한 작품 속 요소들의 표현에도 불구하고 시험하는 자로 다가온 사탄을 향해 진노하는 예수님의 감정을 표정과 손과 팔의 모양, 몸짓을 통해 생생하게 담아냈다. 마치 "사탄아, 물러가라!" 하고 힘차게 외치는 예수님의 음성이 울려 퍼진 현장과 순간을 보는 느낌이 들 정도의 역동성과 분위기를 발견할 수 있다.

**민화적인 묘사를 통해 표현된 도깨비의 모습과
운보와 혜촌의 마태복음 4장 본문 해석**

운보와 혜촌의 도깨비 묘사는 분명한 차이점을 보여준다. 혜촌의 경우, 시험을 끝마치고 뒤돌아 산에서 내려가는 다른 도깨비의 뒷모습까지 묘사하는 점이 특징적이다. 운보의 도깨비는 뿔이 없고 혜촌의 도깨비는 뿔이 있으며, 운보의 도깨비는 하얀 이빨이 드러나 있다는 점도 색다르다.

마태복음 4장 1절에서 '마귀(디아볼로스)'라고 처음 언급되었지만, 3절에서는 '시험하는 자'로 기록되었고, 10절에서는 '사탄(사타나스)'이라고 부른다. 결국 마태복음 4장에서는 마귀와 사탄과 시험하는 자를 동일한 존재 혹은 인물로 보았던 것으로 해석할 수 있다. 이러한 도상학적 해석이 정당하다면 혜촌의 도깨비 묘사에 나타난 이국적인 요소들이 신약성경에서 매우 부정적이며 악한 존재로 규정하는 마귀 혹은 사탄을 더 적절하게 표현했다고 평가할 수 있다. 한국 문화 전통 속에서 전형적인 한국의 도깨비는 무서운 존재이기도 하지만, 좀 더 어리숙하고 친근감 있는 존재로도 등장하기 때문이다.

마태복음 4장과 신명기 6장·8장 본문의 특징들에 대한 통섭적 해석

운보와 혜촌의 성화 작품에 대한 도상학적 해석을 통해 화가들의 예술가적 시각에서의 본문 해석을 살펴볼 수 있다. 그들의 작품은 한국 수묵화와 민화적인 요소들로 독창성을 나타냈으며, 본문의 평면적인 해석으로는 발견할 수 없는 감정과 분위기와 생동감까지 담아낸 매우 구체적이고 입체적이며 역동적이기까지 한 해석이었다고 평가할 수 있다. 이처럼 운보와 혜촌은 미술 작품을 통해 기독교 신앙과 성경 본문 해석의 한국적인 토착화를 시도했다는 점에서 기독교 신학적인 의의를 찾아볼 수 있다.

운보와 혜촌의 공통분모인 마태복음 4장 1~11절 본문을 수사 비평적 관점에서 보면 대화체 본문으로 구성되었다는 특징을 확인할 수 있다. 이는 구약의 문맥과는 다른 관점에서 인용문을 활용하며 재해석한다고 볼 수 있다. 마태복음 4장에서 인용하고 있는 신명기 6장과 8장의 본문은 본래 구약의 유일신인 하나님 신앙을 상세하게 설명하는 문맥 가운데 위치하며, 십계명의 제1계명에 밀접하게 관련이 있는 본문들로 파악된다.

"너희는 다신 신들 곧 네 사면에 있는 백성의 신들을 따르지 말라" (신명기 6:14)

"네가 만일 네 하나님 여호와를 잊어버리고 다른 신들을 따라 그들을 섬기며 그들에게 절하면 … 너희가 반드시 멸망할 것이라" *(신명기 8:19)*

이 본문들의 공통점은 출애굽의 해방과 구원이라는 역사적 배경과 광야 시대의 역사와 그 의미 해석의 주제들을 내포하고 있다는 점이다. 구약의 본문들에서 가장 중요한 요소는 유일신인 하나님 신앙과 역사의 주권자이신 하나님 한 분을 향한 믿음이라고 해석할 수 있다.

"너희가 맛사에서 시험한 것 같이 너희의 하나님 여호와를 시험하지 말고" *(신명기 6:16)*

"예수께서 이르시되 또 기록되었으되 주 너의 하나님을 시험하지 말라 하였느니라 하시니" *(마태복음 4:7)*

"너를 낮추시며 너를 주리게 하시며 또 너도 알지 못하며 네 조상들도 알지 못하던 만나를 네게 먹이신 것은 사람이 떡으로만 사는 것이 아니요 여호와의 입에서 나오는 모든 말씀으로 사는 줄을 네가 알게 하려 하심이니라." *(신명기 8:3)*

"예수께서 대답하여 이르시되 기록되었으되 사람이 떡으로만 살 것이 아니요 하나님의 입으로부터 나오는 모든 말씀으로 살 것이라 하였느니라 하시니" *(마태복음 4:4)*

그러나 신명기 6장과 8장의 본문들을 인용한 마태복음 4장의 본문에서는 새로운 문맥을 만나게 된다. 하나님의 아들이며 메시아로서의 예수님이 세례 사건과 공생애 사역 사이에 겪은 '광야 시험' 사건 문맥 속에서 구약의 본문들이 재해석 됐다. 메시아로서 권위를 가진 예수님에 의해 변형 혹은 인용되어 앞으로 전개될 그리스도 사역의 특징과 의미를 보여주는 동시에 하나님의 말씀과 성령의 인도하심의 중요성을 부각한다. 예수님의 공생애 사역은 단순히 눈에 보이는 현실의 개혁, 유대인의 정치적 해방, 복지의 차원을 넘어서는 인간 전체의 생명과 구원을 위한 일이다. 또한 사탄과의 영적 전쟁인 동시에 하나님을 경배하는 궁극적인 목적을 갖는 보이지 않는 세계의 차원과 연결된 일이라는 사실을 보여준다.

운보와 혜촌은 작품에서 예수 그리스도와 도깨비로 묘사된 초현실적인 존재와 산수화로 표현된 자연과 인간 세상의 모습을 통해 예수 그리스도의 모습을 표현했다. 그리고 하나님과 인간과 자연의 관계 속에서 메시아이며 하나님의 아들로서 공생애 사역을 시작하는 모습을 구체적이고 시각적이며 입체적으로 잘 드러냈다고 평가할 수 있다.

운보와 혜촌의 작품이 주는 의미

이 글은 운보와 혜촌이 예술가로서 마태복음 4장의 본문을 대면하고 묵상함으로 예술가의 시각으로 본문을 이해하고 해석한 작업의 결과로서 도출해낸 작품에 대한 도상학적 해석을 시도했다. 이러한 시도를 통해 발견한 특징들은 문자로 기록된 성경 본문의 시각화와 감정과 정서, 분위기를 반영하는 입체감과 생동감을 주는 요소들이다. 이는 이성과 논리의 차원을 뛰어넘는 감성적 영역에 속한 문제들임을 파악해 볼 수 있었다.

특히 한국화로 표현된 본문 묘사와 성경 본문의 여러 요소를 수묵화로 표현한 기법들은 기독교 정신과 문화, 성경의 주제들에 대한 한국적인 전통문화와의 접목이었다. 동시에 기독교 신앙의 독창적인 토착화 작업의 시도로서 신학적 의의가 있다고 평가하게 되는 부분이었다. 한국 전통 미술로서 수묵화와 더불어 민화적인 요소를 동반한 운보와 혜촌의 독창적이고 창의적인 시도들은 예술작품에 성경의 본문을 새롭게 담아냈다. 또한 서민적인 정서를 반영하여 관람객 혹은 독자와 청중과 대중에게 한 걸음 더 가까이 다가가고 소통할 수 있는 길을 모색하는 데 도전을 주는 요소들로 해석해 볼 수 있다.

　문자 자체와 그 문자에 대한 해석만으로는 알아내기 어려운 복합적이고 다양한 성경의 가르침과 하나님과 사람과 자연의 관계, 하나님의 아들로서 이 세상에 오신 예수 그리스도의 공생애 사역에 담긴 영적인 의미들을 한눈에 시각적이며 입체적인 방식으로 볼 수 있었다. 이것이 바로 성경 본문을 그림으로 표현한 성화 작품의 강점이다.

04

안용준

| 패션 컨텐츠 기업,
  오늘룩(oneulook) 감사
  토론토대학교 연구원

홍익대학교 대학원 미학석사 미술학 박사를, 백석대 기독교문화 예술 철학박사를 취득하고, 토론토대학교 빅토리아칼리지 미학 미술사 연구원을 역임했다. 이 밖에도 목원대 기독교미술과 교수, 연희동 원천교회 '아트갤러리' 담당 목사와 문화재청 기독교 유물 연구원으로 활동했다. 작품이 표현한 복음의 메시지를 꿰뚫어 보는 혜안으로 극동방송 「성경을 그리다」 진행자로 출연하며 작품에 대한 풍성한 해설을 한 바 있다.

한스 로크마커, 현대 개혁주의 미술사의 여명

역사를 뒤흔들 미술사의 동맥, '영성'

한스 로크마커Hans Rookmaaker, 1922~1977는 카이퍼와 도여베르트의 영향을 받아 미술론 또는 미술사를 개혁주의적 관점에서 새로이 조명한 학자로 평가된다. 그는 헤르만 도여베르트Herman Dooyeweerd, 1894~1977의 제자인 메케스J. Mekkes, 1898~1987로부터 도여베르트의 철학을 공부하면서 그의 사상을 미술사와 미술비평에 적용했다. 2차 대전 후, 그는 미술가의 신앙이 작품에 어떻게 나타나는가를 밝히기 위해 암스테르담 시립대학 미술사학과에 입학했다. 그곳에서 1959년 고갱의 미술에 대한 『종합주의 미술이론: 고갱과 그의 서클의 미술에 관한 이념의 기원과 본질(SYNTHETIST ART THEORIES. Genesis and Nature of the Ideas on Art of Gauguin and his Circle)』로 박사학위를 취득하고 레이든Leiden대학과 암스테르담 자유대학Amsterdam Free University의 미술사 교수로 학생들을 가르쳤다.

로크마커는 한 시대가 공유하는 미술적 취향으로 미술작품 안에 담긴 가치의 통일성과 차이를 설명할 수 있다고 얘기한다. 즉 18세기 미술에서는 계몽주의로 인한 미술의 발달과 한계를 점검하게 된다. 19세기부터는 미술의 정신적 한계와 신비주의적 경향이 시작되는데, 이것은 자연주의적 결정론이 지배하는 세계 밖에서 자유를 추구하지만, 허무주의적 신비주의와 동방 종교의 부활이라는 결과를 초래한다는 사실이 밝혀지게 된다. 20세기에는 조형 세계의 형식주의적 한계도 드러난다. 부조리한 인간상과 의미를 잃어가는 인간의 존재성 등에 대한 주제는 로크마커의 뇌리에서 떠나지 않는 주제였다.

미술가는 자신이 선택할 수 있는 다양한 방향 중에서 자신의 의도, 즉 예술의욕(Kunstwollen)과 믿음 등을 표현하는데 가장 적합한 하나의 길을 선택한다. 그리고 그들이 표현하는 형식이 다양한 만큼 자유로운 연상이 가능해진다. 로크마커는 이러한 세계관적 분석의식에서 출발해 오늘날 우리가 직면한 예술적 상황에서 복잡하게 뒤얽힌 미학적 관점을 집중적으로 관찰했다. 그리고 동양의 신비주의와 초월적 지식으로 알려진 선사상, 조형의 원리인 신지학, 주관적 이성으로의 취미 등은 신적인 것의 퇴거 현상과 밀접한 관계가 있다고 파악했다.

로크마커는 이 현상을 근본적으로 변혁시킬 가능성이 있는지, 그 방법은 무엇인지에 대해 미술 현상을 중심으로 살펴본다. 이를 통해 소통과 융합 그리고 공존이라는 개혁주의 세계관의 관점에서 '회복의 미학'을 구성하고자 한다. 까뮈와 사르트르 등 세기의 철학자들도 그들 나름의 고유한 해석으로 인간 존재의 부조리함을 지적했다. 그러나 그들의 해석에서 부족함을 채워줄 미술의 결정적인 성격은 무엇인가? 로크마커의 '영성의 미술론' 기획은 그동안 미술 역사에 등장한 이론적 담론 대신, 실제적 미술의 담론을 내세움으로써 새로운 시대를 이끌어갈 거대 담론의 구축을 겨냥한다.

미의 새로운 차원을 향하여

미술이 모더니즘적 미학에서 포스트모더니즘적인 사상으로 변화하면서 미술가들이 그동안 신뢰했던 미의 절대적인 가치 기준을 잃어가고 있다. 이러한 시대적인 흐름이 기독교 미술에 던지는 가장 위험한 요소는 생명력 있는 정체성마저 상실하는 것이다. 이것은 현대미술이 극심한 환경으로 어려움을 겪고 있기 때문이라기보다는 그 어느 시대보다 환경 앞에서 극도로 절망감을 느끼며 무력감에 지배당하고 있음을 증거한다.

로크마커는 『Our Calling and God's Hand in History: The Complete Works of Hans Rookmaaker6』에서 오늘날 크리스천이 처한 위치와 상황

을 요한계시록 12장의 내용에 비유해 설명한다. 이 본문에서 음녀는 짐승과 깊이 결탁한 모습으로 등장한다. 여기서 짐승은 요한계시록 13장에 적힌 바다에 올라온 짐승, 곧 적그리스도를 지칭한다고 알려져 있다. 그 짐승은 권력을 통해 세상을 공포로 밀어 넣고 주로 조작과 압제라는 정치적인 힘으로 사람들을 통치한다면, 음녀는 크고 화려한 삶에 대한 보장과 여러 쾌락, 사상적이고 이념적인 힘으로 사람들이 흥미를 느끼도록 미혹해 중독 시키는 존재이다. 여기서 우리는 문화 예술의 관점에서 음녀와 짐승을 봐야 한다. 그들의 현실적인 모습만 보고 기이하게 여겨 추종할 수도 있고, 그 짐승과 음녀의 영원한 운명을 보고 안도의 한숨을 내쉴 수도 있다.

이런 이유로 로크마커는 세계관의 의미를 강조한다. 문화와 미술은 삶을 형성하는 미의 본질과 조건들에 대해 중용과 같은 관망하는 위치를 허락하지 않는다. 기독교문화의 사상적 기초인 기독교 세계관은 자연주의적 세계관 그리고 인본주의적 세계관과 구분된다. 또한 기독교 세계관은 삼위일체적 유신론적 세계관에 기초한다. 이것은 개혁주의 신학의 전통에서 가장 명료하게 체계적으로 표현된다. 자연주의는 모든 것을 자연적인 것으로 본다. 자연주의 유형은 세계를 창조주와 무관한 독자적인 존재로 본다. 또한 자연주의적 관점을 가지고 하나님과 인간 모두를 자연의 한 부분으로 환원시킨다. 이 자연주의 전형 중 하나의 형태가 과학주의(Scientism)이다. 과학주의는 르네상스의 기계론적 과학에 기원을 두며, 뉴턴Issac Newton, 1643~1727에 의하여 발전되었고 데카르트Rene Descartes, 1596~1650, 홉스Thomas Hobbes, 1588~1679, 로크John Locke, 1632~1704 등의 사상가에 의해 논의되었다.

그러므로 미술 창작에서 미술가의 미론이 미술의 본질과 직접적인 연관이 있는 것처럼 미술가의 미론이나 주관적인 세계관과 같은 요소가 미술 창작에 의식적으로 작용한다고 봐야 한다. 이런 환경에서 종교적 성향은 공식화할 수 없는 개인의 신앙 문제로 치부될 수도 있다. 종교적인 언어가 개인에게 그들의 실재와의 관계를 고려했을 때 견고히 뿌리를 내리지 못하고 있어서 더는 그들의 필요에 응답하지 않는다고 확신하기 때문이다. 로크마커의 우려가 바로 이것이다. 종교가 확실하게 규정된 실제 역할과 기능을 수용하지 못하는 터전에서 미술은 순기능을 하기보다는 '미술을 위한 미술'로, 일종의 종교 아닌 신뢰와 믿음의 대상으로 변화할 수밖에 없다는 점이다.

사회로부터 미술가의 소외는 낭만주의 사상의 초기 주제 중 하나였다. 이것은 18세기 말엽의 독일 낭만주의에서 나타났다. 그리고 이 개념은 자신의 신성한 사명과 특수한 재능에 대한 낭만적 미술가의 자의식에서 비롯되었다. 즉 이 주제는 미술가는 보호, 고독, 특별한 배려가 필요하다는 것, 대중에게는 드러날 수 없는 신비한 일을 행한다는 것, 소명의 초월적 중요성을 가진다는 의미를 담고 있다. 이러한 생각들이 19세기의 유명한 표어, '미술을 위한 미술' 속에 함축적으로 요약된다.

이러한 미적 조건에서 수많은 미학자가 현대미술론의 의미를 추구하기 위해 수많은 저서와 간행물들을 출간했다. 하지만 이 활동은 미술의 정의가 무엇인지에 대한 확신을 주는 증거가 되기보다는 오히려 그 반대의 결과를 초래했다. 로크마커는 오로지 미술가의 주관에 따른 미적 의미에 대한 욕구가 현대미술이 중심을 상실하는 위기를 몰고 왔다고 진단한다. 미술적 판단으로 보면, 미학의 주관화가 일직선적인 전개이거나 발전의 과정은 아니다. 데카르트의 코기토도 발견 당시에는 주관성이 불완전했다. 하지만 이후 데카르트 주의자들에게서, 경험론자들에게서, 칸트Immanuel Kant, 1724~1804와 피히테Johann Gottlieb Fiechte, 1762~1814의 관념론에서, 또 헤겔Georg Wilhelm Friedrich Hegel,

1770~1831이나 니체Friedrich Nietzsche, 1844~1900에게서 그 주관성은 상이한 형태로 이해되었다. 그 이해 방식 간의 상호 긴장과 대립은 사실상 차이가 너무 크기에 그것들을 모두 하나의 단일한 방법으로 이해하고자 하는 것은 그야말로 소용없는 일이다. 결국 자신의 사고에 몰입된, 투철한 자아실현 능력을 지닌 천재의 표현력에 의해 자신의 운명을 개척하는 자들만이 성공한 미술가로 살아남게 된다.

진리가 너희를 자유케 하리라

로크마커에 의하면 미술은 중립적이 아니다. 어떤 것도 중립적이지 않다. 미술은 인간적인 창조의 결과로서 그만큼 그 개인적인 특유의 인간성과 밀접한 관련이 있다. 미술작품이란 작가의 정신, 통찰력, 감정, 미적인 감각, 상상력, 주관의 외화일 수밖에 없다. 자연스럽게 작품의 양식과 형태 역시 중립적이지 않다는 명제가 성립된다. 양식과 형태는 작품의 내용 전달을 위한 매개 역할을 담당한다. 그것들은 용도에 따라 세밀히 구분되기에 미술의 형태뿐만이 아니라 문화적 형태의 사용에도 신중해야 한다. 그렇다고 20세기를 향유한 그리스도인이 우리 시대의 문화 형태와 틀을 피해야 할 필요도 이유도 없다. 동시대의 같은 관습 안에 생활할지라도 가장 중요한 지점을 인식하면 된다.

아울러 로크마커는 만일 우리가 주변에서 세속화되거나 선하지 않은 것을 발견한다면 그것을 변화시키기 위해 노력해야 한다고 말한다. 그래서 우리는 먼저 미술작품 안에 담긴 의미를 이해해야 하며, 때로는 그것에서 벗어나거나 동시대의 미술 형태를 더하기도 해야 한다. 결국 그에게는 우리가 동시대의 미술을 벗어나 다른 위치에 설 수 없다는 생각이 깔려있다.

그렇다면 우리는 어떠한 미술 양식을 선택해야만 하는가? 로크마커는 1961년 휘튼 칼리지 채플Wheaton College chapel에서 경험했던 기억을 더듬어 이에 관해 비유로 설명한다. 당시 그는 여섯 번의 강좌가 예약돼 있었다. 첫 번째 강연이 끝나고 사람들이 그에게 다가와 자신의 채플에 대한 소감을 물었다. 그들로부터 채플이 3년 전에 이미 지어졌다는 말을 들은 그는 신(新)고전주의와 식민지 시대의 양식에 몰입했을 때인 1960년대의 사람들은 아무도 상상하지 못했을 건축양식이라고 채플을 칭찬했다. 설명인즉 더욱이 시대를 거슬러 올라가 건축하는 일은 형태와 규모, 관련성에 있어서 동일한 느낌을 기대하기도 어렵다는 말이었다. 크리스천은 동시대를 느끼고 호흡할 필요가 있는데, 휘튼 칼리지의 채플은 이에 알맞은 아름다운 건축물이라고 한다. 그들은 시간의 흐름 뒤에 있지 않았기에 자신이 어떻게 돌보고 제작해야 하는지를 아는 자들이 됐다. 결국 양식이란 우리에게 선택되는 것이 아니라, 우리에 의해 제작되는 것이다.

현대미술 = 추상미술?

로크마커는 한때 동시대 미술과 모던 미술에 관해 집중적으로 언급한 일이 있다. 이것은 비은유적 미술로서, 특별한 의미에서 필연적으로 모던한 것은 아니다. 여기서 로크마커의 관심은 그중에 특히 추상미술과 신비주의를 기독교적 표현으로 사용할 수 있는지였다.

먼저 로크마커는 미술가 자신이 무엇을 이야기할 것인가에 전적으로 의존하여 검증한다. 그는 미국 내 크리스천 학교의 미술학과를 대표하는 한 인사와 대화할 기회가 있었다. 그녀는 그에게 자신의 직원이 제작한 추상 작품을 보여주었다. 나중에 대화를 통해 그 작품들이 격정에 의해 제작되었다는 사실이 밝혀졌다. 로크마커는 이 회화를 탐색해 본 결과 그 작품은 세계 내의 심오한 것들을 회피하는 도피주의와 신비주의에 근거한다고 생각했다. 만약 이 회화에서 드러난 영성이 세계로부터 유리된 인간의 신비주의에 근거한다면 문제는 심각해진다.

현대의 신비주의적 미학에 대한 사유의 역사는 위와 같은 미술가의 태도에 영향을 받아 뚜렷하게 색다른 성격을 지닌 영역을 형성한다. 당시 이러한 경향의 선두 주자였던 윌리엄 브레이크William Blake, 1757~1827는 뉴턴의 과학과 로크의 경험 철학 등의 이성적 추론을 최악의 적으로 여기는 신비주의 미술가였다. 그는 인간의 자유를 무정부주의적 방법으로 미술을 모색했는데, 이성적이며 과학적인 사고와 학문이 구축했던 산업혁명의 부작용과 무감각증을 예언하기도 했다. 무엇보다 기계가 인간의 육체와 정신을 지배할 것이며, 이 기계화된 인간은 결국 지성조차 숨 쉬지 못하는 동물적 수준에 가까운 또 다른 기계를 생산할 뿐이라며 개탄했다.

결국 미학적 기준으로서의 주관주의적이며 추상주의적인 태도는 이성을 멀리하며 미술을 대중과 분리해 신비화시키기 마련이라는 것이다. 과거에는 미술사가를 학식 있는 미술가, 탐험가, 혁명가, 관료, 새로운 시대를 내다보는 전망자로 여겨왔다. 그러나 이제는 세부 문제만 골몰하는 '주석가'의 역할로 여기는 경우가 많아졌다. 오늘날의 미술사가에게는 자기 존립에 관한 기본 문제에 답해야 하는 것이 요구될 정도이다. 로크마커는 이러한 현상이 미술을 격상된 좌대에 놓음으로 미술가의 주관주의적 성향이 증폭된 결과라고 생각한다.

이러한 상황에서 미술가는 실재 저 너머에 있는 의미를 찾는 선지자로 둔갑하고 '현행 규범 및 제반 가치에 비판의 칼날을 들이대야 그 본색이 빛나는 존재'로 자리매김한다. 로크마커는 이 같은 변형이 계몽주의를 거쳐 낭만주의 시대에 이르러서 절정에 이르렀다고 진단한다. 낭만주의 중에서 지배적인 미학적 신념들은 전체 미학적 구성 요소들로부터 다소 무 정형적이고 정식화를 거부하는 다른 사고를 분리해 내는 일일 것이다. 낭만주의의 미학, 혹은 적어도 그것의 주도적인 원리들을 확인하고자 하는 역사가는 태양의 아래와 위에 있는 거의 모든 것에 관한 일반적인 진술들의 덩어리 속으로 싫든 좋든 빠져들게 될 것이다.

이제 인간은 자신의 휴머니즘에 근거한 진실성과 실재보다는 대뇌가 수용할 수 있고 동공에 맺히는 현상 너머의 세계에 더욱 심혈을 쏟게 된다. 결정론을 지향하는 과학주의는 미술가들이 신비주의에 몸을 내맡기게 하는 매력적인 조형의 영역이 되고 있다. 한스 제들마이어Hans Sedlmayr, 미술사가, 1896~1984역시 현대미술이 가진 속성 중의 하나가 기술 예찬이라고 본다. 기술 예찬론은 순수 기하학적·기술적 작품 제작에 대한 추구, 미술이 아닌 구조물에 대한 편향 등에서 관찰된다. 즉 이러한 미술운동은 실제 미술과는 무관한 것이며 일종의 시위(Demonstration)라는 얘기다.

이뿐만 아니라 인문학 최고의 권좌에 올라선 미술은 진리의 심층을 계시하는 역할을 수행하며 지금도 그 분야를 확대하고 있다. 로크마커는 이것은 "영지주의와 신으로부터 유출(流出)하여 그에게로 귀환한다는 식의 플라톤적인 실재론, 그리고 신이라기보다는 비인격적인 하나의 보편자에 가까운 신을 믿은 동방정교의 부활"에 비교되는 신비주의에 불과하다고 한다. 로크마커에 의하면 로마 가톨릭 신비주의자인 르 꼬르뷰지Le Corbusier, 1887~1965와 유대 신비주의자 샤갈Mark Chagall, 1887~1985 그리고 1950년대 미국에서 가장 영향력 있는 작품을 제작한 로스코Rothko, 1903~1970 등이 알려진 신비적 추상화가이다. 그래서 로크마커는 라브리 강연 말미에 이렇게 질문하기를 주저하지 않았다. "우리는 크리스천으로서 존 케이지John Cage나 호크니Hockney, 버그만Bergman 또는 키엔홀츠Kienholz가 지향하는 의미의 현대미술을 제작할 수 있는가? 우리는 빨간색과 파란색 또는 흰색으로 순수한 추상 회화를 만들 수 있겠는가?" 그의 대답은 지금까지도 아니라고 분명하게 전달된다. 왜냐하면 현대미술은 우리와 양립할 수 없는 삶의 관점에서 나온 것이기 때문이다. 그렇다면 우리 크리스천은 다를 수 있는가? 로크마커는 그럴 수 있다고 생각하지만, 진실은 결코 쉬운 일이 아니기에 쉽지 않다고 결론짓는다.

서양미술사의 달콤한 유혹, 신비주의

로크마커는 서양의 미술사에서 관찰되는 신비주의의 뿌리를 종교개혁 초기로 거슬러 생각한다. 당시 르네상스 인문주의가 생기 왕성하게 부상할 무렵, 신비주의는 미미하게나마 중요한 위치를 점하고 있었다. 이 사조가 재세례파로 일컬어지는 분파 운동으로 표출되기도 했는데, 이 파는 기독교에 무정부주의나 평화주의 또는 호전주의적 요소를 가미시키는 등 실로 다양한 견지를 표방했다. 16세기에 발생했던 개혁주의와 신비주의 운동 간의 다툼은 전체적으로 봤을 때는 개혁주의의 승리로 치부할 수 있으나, 그렇다고 개혁주의 진영이 신비주의를 전적으로 무시한 것만도 아니었다. 신비주의적 동향이 개혁주의 노선에 합류하면서 그들의 입김이 작용할 수 있는 여지를 남겨두었기 때문이다.

이러한 신비주의적 경향으로 인해 좁은 의미에서 소위 영적이고 종교적인 영역 밖의 것들은 모두 평가 절하당해야 했다. 이 파급 효과는 우리가 추정할 수 있는 것 그 이상으로 강력했다. 적어도 17세기 이후의 청교도주의와 칼빈주의가 미술(Fine arts)에 대한 식견이 부족한 것도 미술을 본질상 세속적이며 거룩하지 못한 신비의 속성을 드러내는 영역으로 간주했기 때문이다. 칼빈주의 안에 분명하게 확산한 미술에 관한 관심의 결핍은 숙명론에 가까운 신비주의의 선택 교리에 의해 태동했다는 사실이다.

로크마커는 18세기의 웨슬리 일가에 의한 신앙 부흥이나 19세기 여러 가지 부흥 운동이 가져온 가능성에도 불구하고 개신교 진영이 미술에 관해 관심이 없는 것처럼 보인 일도 미술계에 만연한 신비주의의 영향으로 간주한다. 인간의 삶에서 그토록 절실한 국면인 미술이 종교 또는 신앙 외적이라고 한다면, 그러한 신앙에는 결함이 있기 마련이다. 오늘날에도 동일한 청교도적 입장만을 고려한다면, 미술은 세속성과 비(非)거룩성을 드러내기에 추구할 것이 못 된다고 일축될 확률이 높아지게 된다. 미술은 어떤 의미에선 진정한 선구자(Avant-garde)였으며 비(非)기독교적 신비주의 영성을 탐색하는데 단연 타 분야를 앞질렀다.

이 신비주의의 후기 사조를 배후에서 다각적으로 조종한 세력은 영지주의(Gnosticism)였다. 영지주의는 성경의 사상에 이교적인 후기 플라톤 철학과 신비 철학이 결합된 사상이다. 영지주의에서 구원이란 이 세상의 물질적인 환경에서 도피하여 이 세상을 통치하는 신께 더 가까이 다가선다는 의미로 이해한다. 그래서 물질계와 아울러 인간의 모든 세속적 욕구가 악한 것이라는 생각이 영지주의의 중심사상에 위치하게 되었다. 결국 인간의 삶이란 고통과 시련의 기간에 불과하며 그 과정의 최후 목적은 오로지 자신의 거룩함으로 육신의 욕망을 다스리고 신의 영역에 도달하는 것으로 알려지게 되었다.

이러한 신비주의 사상이 특별히 미술 분야에 만연해 있으므로 이 개념을 이해하고 넘어가야 한다는 것이 로크마커의 생각이다. 신비주의가 종종

기독교와 동일한 색채로 느껴질 수 있는 것은 기독교가 소유한 구원관이 신비주의에 영향을 받을 탓도 있다. 14세기 독일의 시각 미술은 이러한 취미가 확연했다. 상식에 지나치게 영적인 의미를 강조하느라 성모상들이 피골이 상접한 이미지를 띤 것이나, 십자가상에서의 그리스도의 수난 장면을 극도로 과장되게 표현한 그뤼네발트Mattias Grünewald, 1470/74~1528의 작품「십자가에 못 박히신 예수」(1515)가 좋은 예이다. 15세기에 접어들면서 네덜란드에는 덜 극단적이면서도 더욱 실제적으로 보이는 신비주의 모습이 등장한다. 이러한 징후는 헤르트헨의 성 요한Geertgen tot Sint Jans, 1465~1495을 위시한 네덜란드 화가들의 작업에서 두드러졌다.

로크마커에 따르면 현대에도 신비주의는 변함없이 이채롭게 그 모습을 드러내고 있다. 신이 죽고 없다는 식의 전제가 편만해졌기에 신비주의는 어디까지나 허무주의에 가까우며, 신이라기보다는 비인격적인 보편자에 이르는 동방 종교의 부활이라 할 수 있다. 이 동방 종교의 신은 모든 것이며, 동시에 무(無)인 존재이며, 여기서 말하는 구원이란 결국 자신의 희생과 초탈을 의미했다. 인간은 인간성을 되찾고자 하는 일념으로 도리어 자신의 정체성과 인격의 상실까지도 감내해야 하는 지경에 이르렀다. 여기서 로크마커는 우리에게 문제의 심각성을 간파할 것을 촉구한다. 이러한 경우 인간은 그 자신의 인간성과 진정한 실재, 즉 대뇌가 수용할 수 있고 동공에 맺히는 현상 이상의 실재를 추구하게 된다. 그리고 인간은 이러한 경험을 통해 신비적 합일을 경험하고자 한다.

그러한 이유로 동양의 신비주의와 초월적 지식으로 알려진 선(禪) 사상은 동양의 미학뿐만이 아닌 서구의 미술인들에게도 현상 너머의 세계를 제공하는 훌륭한 모범으로 남아있다고 한다. 동양의 선불교에 심취했던 행위

음악가 존 케이지, 백남준, 요셉 보이스를 위시한 플럭서스(Fluxus:1960년대 초부터 1970년대에 걸쳐 일어난 국제적인 전위예술 운동)도 전개되었다. 이후 그들 중 동양의 뿌리를 지닌 백남준이 비디오 아트의 창시자가 된 현대 예술사만 보더라도 동양 사상과 비디오 아트 간의 연관성을 부인하기 어렵다.

로크마커가 이 대표적인 사례로 19세기 말의 칸딘스키Wassily Kandinsky, 1866~1944의 추상을 지목한 것은 매우 의미가 있다. 오늘날 일반적으로 비구상 미술(Non-figurative art)로 칭하는 추상화의 시대가 바로 이때부터 열렸기 때문이다. 신비주의적 요소를 포함하고 있음에도 보편적인 것, 실재의 한층 심오한 구조 그리고 그 법칙성 등을 회복하는데 이상을 두었기에 미술의 위상은 새로운 삶의 조성자로 자리하게 되었다. 여기서 칸딘스키의 작품을 일일이 분석한다거나 그 변천 과정을 상술할 수는 없지만, 로크마커가 의도하는 추상미술에 대한 지평을 추적하는 첫걸음이라는 의미에서 칸딘스키가 추구한 미술의 성격을 알아보고자 한다.

먼저 칸딘스키는 당시 정신적인 위기감이 고조되어 가던 세기말 시대에 인간의 불안한 정서를 들여다보았다. 이를 통해 새로운 정신 운동인 신지학(Theosophy)의 조형적 표현으로 모든 중요한 정신 행위 속에 살아있는 인간성의 회복을 시도했다. 칸딘스키는 신지학에 의지한 철학자인 슈타이너Rudolf Steiner, 1861~1925의 언급에 주목했다. 그는 인식의 더욱 높은 차원은 색채, 소리, 냄새와 같은 감각 표현과 상상력을 통해 전달된다고 말한다. 즉 그의 관심은 정신적 영역 안에서 자유를 표현하는 것이었다. 그에게 물질세계는 흘러가 버리는 순간의 현상에 불과했다. 그에게 이를 극복하기 위한 미술적 표현이란 인간의 잠재된 내면 안에 초월적 관념을 불어와 이를 신비적 분위기로 자유롭게 구성하는 것이었다. 그는 1910년경부터 다양한 각에서 이루어지는 곡선과 불확정적인 선을 기초로 해 기발한 색채 표현을 만들어내기 시작했다. 그에 따르면 새로운 추상의 세계는 실재와 관련은 없되 실제 세계와 나란히 존재하는 신비성을 소유한다.

    이 사상은 실재와 나란히 있으므로 이를 인정하는 동시에 초탈함으로써 이를 극복하는 길을 제시한다. 생로병사(生老病死)라는 인간의 삶 역시 이 사상을 통해 그것으로 인한 번뇌와 고통을 벗어남으로써 온전한 자유의 지경에 도달할 수 있다고 설파했다. 이 동양의 오랜 지혜는 서구인들에게 해결하기 어려운 미술의 문제를 풀어주는 현안으로 비쳤을 것이다.

이성의 끈을 놓지 말아라!

르네상스 이후 17, 18세기에는 미술계를 포함한 다른 모든 분야와 마찬가지로 주관적 이성으로서 취미의 점진적인 발달이 그 시대의 미술 사상에 심대한 영향을 끼치고 있었다. 성경의 명성과 이에 따른 학설에 대한 존경은 변함없이 17세기의 미술사에도 존재했지만, 17세기의 이론가들은 이것을 하나의 권위로 인용하는 데 만족하지는 않았다. 미술에서 법칙의 지위에 관한 다양한 논의는 이성으로서의 취미나 천재를 비롯한 미적 효과에 관해 어떤 교훈을 도출할 수 있다는 점에 관심을 보이기 시작한 것이다.

    진리의 기준에 따라 미술가와 비평가의 작업으로까지 확장될 수 있는 이러한 다양한 추세는 18세기 계몽주의 시대에 더욱 세분화 되었다. 그리고 미술은 천재적이고 미적 인식을 분석할 만한 미술가에 의한 '순수미술(Fine art)'을 뜻하게 되었다. 천재라는 개념은 17, 18세기 유럽의 영국과 프랑스 그리고 독일에서 수많은 변이를 거쳐 정립되었다. 특수한 사회적·역사적 상황에 있는 개체의 자연적 본성에 좌우되는 영국과 프랑스의 천재에 대한 개념과는 달리 독일에서는 직관과 연계되어 천재의 개념이 전개되었다. 독일의 미학자들 중 천재에 관해 적극적으로 해명한 칸트는 다음 네 가지로 정리한다. 첫째, 천재란 아무런 특정한 규칙도 부여할 수 없는 것을 산출하는 하나의 재능이다. 따라서 독창성이 천재의 가장 첫 번째 특성이어야만 한다. 둘째, 천재는 독창적임에도 의미 없는 경우가 있을 수 있다. 그러므로 천재의 창작물은 모범적 전형이어야 한다. 셋째, 천재는 자신이 스스로 산물을 성립시키는가를 자신이 기술하거나 학습으로 밝힐 수 있는 것이 아닌, 자연으로서 천재로 규칙을 부여하는 것이다. 넷째, 자연은 천재를 통해서 학습에 대해 규칙을 지정하는 것이 아니라 미술에 대해 규칙을 지정한다. 그리고 또한 이것은 후자가 미학적 미술인 경우에 있어서만 그렇다.

이제 미술은 일상적 가치와 역할에서부터 독립된 미학의 영역으로 분리되었고, 자연의 비범한 존재인 천재의 특성으로 간주 되었다. 종교개혁 이후 그 본연의 모습을 꽃피웠던 기독교가 차츰 탄력을 잃고 일개 신비주의 수준으로 치부된 시기였기에 일반 인문주의로서는 호기를 맞은 셈이었다. 갈등의 시대이고 모순된 이상들과 이념들이 혼탁한 모습을 보임에도 이 흐름의 골격을 이룬 원리는 이성의 시대로 알려진 신문화 운동이었다. 이 원리들은 오늘날의 우리에게도 깊숙이 침투돼 있다고 여겨진다.

로크마커는 이 운동의 제1원리는 프랑스와 영국의 철학자들로부터 발전되었다고 본다. 데카르트Descartes와 홉스Hobbes, 로크Locke, 흄Hume 등의 철학자들과 디드로Diderot, 1713~1784와 같은 프랑스의 백과전서파가 그 주역들이다. 이제 이성의 개념은 이들로부터 미술사상의 전면에 나타나기 시작했다. 마음은 여러 경험 자료를 재배열하고 제한된 것이지만 논리적 일관성을 지녔다는 사실을 기반으로, 당시 사상가들은 이 과정에 대한 보다 정확하고 면밀한 연구가 미술과 문학에 관한 문제들, 그리고 미술과 교양인의 일들, 다시 말해 과학과 종교 등과의 관계에 대한 문제들을 해명할 수 있다고 진지하게 고려하기 시작했다.

현대미술이 시작되는 동안에 데카르트는 본질적으로 매우 명석하고 판명한 관념들의 분석을 통해 문제의 해답을 발견할 것을 제안했다. 그는 진리의 원천으로 직관과 연역법을 사용했다. 직관은 오직 이성의 빛에서 나오는 청명하고 세심한 마음의 회의 없는 개념작용이고, 연역법은 결국 직관들의 사슬이다. 로크는 1695년 당시 널리 읽혔던『기독교의 합리성(The Reasonableness of Christianity)』이란 책에서 계시란 그것이 무리 없이 온당한 한에서만 받아들여질 수 있다고 제한했다. 그의 출발점은 이성이었다. 디드로는 동시대인들보다 미술과 미학의 문제에 체계적인 사상을 제공했다. 하지만 그는『백과전서』의 '인간'이란 항목에서 인간을 동·식물, 기타 물질과 어떤 근본적인 차이도 없다고 하며 반기독교적인 어조를 뚜렷이 나타냈다. 하지만 그의 이러한 등식은 자연을 초월해 있거나 감각에 의해 지각될 수 없는 모든 것, 이성주의자의 이성을 넘어선 그 모든 것을 고려의 대상에서 제외하는 실수를 범하고 말았다.

이러한 영향 아래에서 인간은 한낱 자연적 존재에 불과하며 우주 안에 있던 특별한 위치도 상실하게 된다. 이성주의는 이성이라는 감각으로 인식할 수 있거나 이성으로 납득할 수 있는 이상의 것은 존재하지 않는다고 단정 짓는다. 즉 이성주의에는 오직 과학적 사실만 존재할 뿐이다. 칸트(Immanuel Kant, 1724~1804)는 인식론을 자기 철학의 초석으로 삼았다. 그는 이성을 사용해 우리가 지닌 감각 자료와 지각 대상을 종합하였을 때 인간의 외부에 있는 개념들은 더는 규범적 원리로서 그 어떤 실재성이나 타당성도 소유하지 못한다고 한다.

    이 같은 도전은 주로 과학의 발전과 병행된 경험주의 철학의 대두와 미술가에게 주로 나타나는 낭만적 태도와 맥을 같이한다. 물론 칸트와 헤겔에게서처럼 신의 절대적 가치를 존중하는 태도도 일부 확인할 수 있으나, 사회 전반적으로는 개인주의적 사고가 서서히 진행함에 따라 이성 중심적인 취미의 변화에도 깊은 관계가 있는 것이기도 했다. 칸트는 신의 뜻에 맞는 원형적 이념으로서의 예수를 자연적 인간이라고 파악하는 데 문제가 없다고 생각했다. 모든 인간적 고통을 감내한 그의 심성은 이제 모든 인류와 모든 세계와 시대 그리고 모든 정의를 넘어서서 적용될 수 있는 보편적인 구속력을 갖게 된다.

    헤겔G. W. F. Hegel, 1770~1831은 자연과 유한한 정신의 창조에 앞서, 유한한 정신 일반에 나타난 신의 모습을 다음과 같이 설명한다. 그의 영원한 본질 속에 있는 신이 자연과 인간에게 현상하며, 유한한 자연과 인간으로부터 신 자신으로 회귀한다는 것이다. 이것은 구원과 회복의 역사이며 영원한 신의 역사 그 자체이다. 삼위일체인 신은 자연의 창조자이며 지혜로운 자연의 보존자이고 회복자이다.

    따라서 로크마커는 철학과 미술 현상을 중심으로 역사적 추이 과정을 살펴보고 그것이 이야기하는 특수한 현상들을 근원적인 관점에서 비판적 안목으로 가시화시키고 있다. 즉 미술작품의 본질을 규정하는 데 있어 주관주의적 한계를 극복하기 위한 미술작품의 근원을 파악하려 한다. 이와 관련해 시어벨트Calvin Seerveld, 1930~는 개혁주의 미술론의 전통을 이야기한다. 그에 따르면 인간은 항상 그가 뿌리박고 있는 지상의 모든 삶과 세계의 전통 안에 섬세하게 존재한다. 개인의 도덕적 정당성이나 경험으로는 설명하지 못하는 영역이 존재한다는 말이다. 미술이란 본질적으로 주관적 원리만으로는 규정될 수 없다는 사실이 이를 뒷받침한다. 역사적으로 개혁주의 미학의 전통은 미술의 역사적 발전에 대한 긍정적이며 지속적인 성격을 미술작품의 근원적인 측면에서 강조해 왔다.

로크마커에 따르면 현대미술의 위치와 인간의 처지를 심각하게 숙고한 사람은 20세기의 실존철학자들이었다. 물론 19세기의 위인으로 꼽히는 철학자 키르케고르S. Kierkegaard, 1813~1855나 문인 보들레르Charles Baudelaire, 1821~1867와 같은 낭만주의자들, 그리고 입체파 화가들에서도 그 앞선 흔적을 찾아볼 수 있다. 진정한 실재란 종래의 자연 과학적 실재, 그 자체를 뛰어넘는 것이다.

현대미술의 탄생은 이렇게 신적인 것의 퇴거 현상과 절대 떼어놓고 생각할 수 없는 것으로 밝혀진다. 그리고 칸트는 인식론이라고 불리는 새로운 형태의 유한한 주관성을 등장시키는데, 이 또한 신적인 것의 퇴거 현상에 일조하고 있다. 앞으로 논의되겠지만 다음과 같은 사실은 결코 우연이 아님을 예감할 수 있다. 즉 이성적 주관에 의한 표상 방식의 구체화는 반성적 판단으로 이해되는 취미판단이다. 이것은 오로지 유한한 주체, 즉 감성적이고 신에게서 멀리 떨어져 살고 있는 주체로부터 유래한다. 이제 이 이론과 더불어 어떻게 미술이 수행돼왔으며 신의 퇴거 현상과 더불어 미술이 어떠한 새로운 사회 문화적 문제에 직면하게 되는지에 대해 미학과 미술사적 서술을 통하여 살펴보고자 한다.

'현대미술과 문화의 죽음'을 목도하며

로크마커는 젊은 시절부터 자신이 크나큰 변화와 저항 그리고 혁명의 시대를 살고 있음을 온몸으로 느꼈다. 1939년 덴 헬러Den Helder의 해군사관 후보

생이던 시절, 독일군에 의해 조국이 점령되는 것을 목격하고 동료들과 함께 영국으로 피신해야만 했다. 1941년엔 반독일 문학잡지인 『deutschfeindlich Flugschriften』을 소유한 이유로 체포되어 그해 12월에 재판을 받았다. 하지만 그는 나치 정권이 네덜란드 내의 기독교인에 대한 탄압을 심화할수록 자신의 삶을 영적이고 종교적인 차원으로 개방하기 시작했다.

아브라함 카이퍼 Abraham Kuyper, 1837~1920의 개혁주의를 이해하는 로크마커가 당시 시대가 지향하던 세속적 가치의 구조를 극복하기 위해 미술의 영적 방향성을 제시하려 한다는 사실을 충분히 짐작할 수 있다. 사실 로크마커는 나치 치하의 고국에서 지하운동에 관여하다 투옥되면서 성경을 읽고 회심했다. 이후 그에게 기독교 영성은 교회의 개혁뿐만이 아닌 미술 세계 전체의 회복을 향한 밑거름이 되었다. 이것은 과거 온갖 희망의 미학에 가차 없이 사형선고를 내린 이론이성에서 벗어나 신학상의 영성에 대한 관념이 모든 정상적인 사람들에게 선천적임을 입증하는 방법이기도 하다.

이미 로크마커는 그의 책 『현대미술과 문화의 죽음』 서두에서부터 전체 이야기의 의미와 내용에 아울러 영적 메시지를 살피는 것이 책을 집필한 최초의 구상이었음을 부각했다. 현대문화의 뿌리인 종교개혁 초기를 파헤치며, 당시 성경의 영적 지식으로 중무장했음에도 내면에 숨겨진 신비주의 기류를 간과하기도 했다. 이러한 지적 흐름은 면면히 흘러 현대의 시인이나 선지자에 비견될 만큼 천부적인 영감을 지닌 고매한 미술가에게 한층 고상한 직무로서의 미술 개념이 싹틀 수 있음을 강조한다.

한편 로크마커가 미술에 관해 "정당화(Justification)를 필요로 하지 않는다" 하는 언급은 미술 작품 자체로 하나님 나라를 추구하는 정당성과 목적을 소유할 수 있다고 여겼기 때문에 가능했다. 자연스럽게 미술 그 자체로 정당성을 소유한 미술가는 당면한 세계와 미술에 관한 깊은 미적 신뢰와 함께 성령의 적극적인 도움을 의지하게 된다. 여기서 '영성'이란 성경에 기초한 성령의 사역으로 인해 나타난 기독교인의 내면적 성향(Disposition)과 외면적 행위와 태도를 가리킨다. '영성'의 의미에 가장 근접한 헬라어는 πνυματικός(Spritual, 영적)와 부사 πνυματικώς(Spritually, 영적으로)이다. 구약에서의 영은 '루아흐'로서 바람, 숨, 생명력을 지시하는데, 이는 정서도 의지도 갖추고 있다. 히브리적 인간관에서 '루아흐'는 인간을 살아있게 하는 힘이다. 사람에게서 호흡이 끊어지면 생명이 끊어짐을 의미한다.

결국 영성이란 근본적으로 하나님과의 긴밀한 관계를 표현한다. 우리가 우리 속에 그리고 주변에 계시는 실제적 존재인 하나님을 경험하고, 하나님에 대한 우리의 경험에 응답함으로 우리의 삶을 형성하는 양식이 된다. 그러므로 이러한 감각을 살린다면 '영성'이란 '성령적'이란 의미로 받아들여야 한다. 이 성령의 내주하심은 하나님과 깊은 교제에 이르게 할 뿐만 아니라 인간의 지속적인 인격적 변화를 끌어내며, 삶과 미술의 실천적 국면에도 변혁을 일으킨다. 구약성경에서 하나님의 영은 세상을 창조했으며, 개인에게는 지혜와 창조력을 주셨고, 지도자들에게는 통치권을 수여했다.

한편 이 용어는 역사적으로 기독교의 전유물이 아니라는 사실을 기억해야 한다. 현대 서구 형이상학의 근간을 제공한 니체의 『비극의 탄생(Die Geburt der tragischen Gedankens)』(1872)에 나타난 아폴론과 디오니소스로 구분된 인간의 정신을 살펴보면, 위 사실이 더욱 뚜렷이 보인다. 두 요소인 아폴론과 디오니소스는 삶의 과정에서 자연으로 드러난 독립 정신이다. 이들은 서로 상극이면서도 상호보완적인 성격을 가진다. 디오니소스는 그리스 신화에서 축제의 신으로 몸과 감정, 열정 등을 표상하고, 아폴론은 이성의 신으로 이성과 질서, 이념, 정신 등을 표상한다. 니체는 인간이라는 존재는 디오니소스의 요소와 아폴론 요소가 서로 결합한 형태라고 지칭한다. 그러면서 당시 아폴론 요소가 짙은 유럽 사회의 철학, 종교의 풍토를 비하하면서 자연과학이나 철학이 우리 삶을 진실하게 악하게 할 수 없다고 한다. 그래서 그는 디오니소스가 상징하는 감성과 육체도 삶의 중요한 부분으로 인정되어야 한다고 주장하면서 디오니소스 인간을 초인(Über Mensch)으로 제시한다. 그가 제시하는 인간은 "자유를 쟁취하고 의무에 의해서조차도 경건하게 '아니요.' 라고 말할 수 있는 … 사람"이라 하여 의무라는 이성보다 자유라는 본성에 충실한 인간이다. 그 결과 그는 미술 활동을 통해 디오니소스 사회로의 전환을 주장한다.

니체는 그의 첫 번째 저서 『비극의 탄생』에서 그리스 신화의 디오니소스를 통해 아폴론적인 지성과 질서에 얽매이지 않는 생명 긍정의 상징을 발견한다. 디오니소스는 제우스의 아들로 포도주의 신이며, 그를 숭배하는 열광적인 여사제들의 광란 잔치로 유명하다. 니체는 디오니소스적인 것을 생의 진실이 의심되고 끔찍하다 해도 모두 긍정하는 자세라고 말한다. 그에게 진정한 자유인은 자신의 운명을 사랑하면서 그 운명을 바꾸어 가는 전사이다. 니체가 디오니소스 신화에서 강조한 충동과 의지로 인간을 파악한 점은 후일 포스트 모더니스트들에 의해 다시 파악된다. 20세기에 그들은 합리주의, 과학주의, 기능주의에 진저리를 내면서 미술, 철학, 심리학을 빌어 그들의 발견을 주장하기 시작했다. 그러던 중에 그들은 실존철학자, 생철학자라고 알려진 니체의 사상에서 자신들이 말하고 싶은 생각을 찾아냈다.

로크마커 역시 악마적인 세력이 주는 영감의 가능성을 분명히 증언했다. 문학작품 속에서 이러한 실례를 찾아볼 수 있는데, 1884년에 쓰인 위스망스

Huysmans, 1848~1907의 『역로(A Rebours)』에 나오는 데스 에세인테스des Esseintes 같은 인물과 사드Sade, 1740~1814가 『쥐스틴(Justine)』*(1791)*을 쓰게 했던 기묘한 영감 등이다. 『파우스트(Faust)』에 등장하는 인물들도 유사한 방법으로 이해할 수 있다.

이에 비해 개혁주의 영성이란 전통적이며 어떤 다른 종교적 관점에서 유래된 맹목적 행동주의나 단순한 감정주의가 아니다. 또한 단순한 지식이나 도그마의 체계도 아니다. 인간의 세 가지 차원이 통합된 실체이다. 즉 인간의 의지적 차원, 정서적 차원, 지적 차원의 통합성(Integrated) 속에서 구체화된 실체이다. 그러므로 인간의 본질과 미적 정체성에 대한 이해를 통해 미술에 대한 나름의 내적 수용으로 이어지며, 그에 따라 이것은 구체적 행동인 의지적 작용을 수반하게 된다. 다시 말해 이 개혁주의적 영성은 단순한 학문적 지식이나 이해가 아니라, 삶과 미술의 본질에 관한 숭고한 믿음을 따라 사는 삶과 미술의 형태를 지칭하는 것으로 전인성(Holistic)을 가진다.

로크마커가 미술창작에 있어 영감을 여러 차례 주장하는 이유는 현상학적인 '사실주의'라고 부르는 명칭에 가장 적합한 미적 요소들을 집중시킬 수 있다고 여기기 때문이다. 그의 이러한 주장은 설득력이 있어 보인다. 그래서 미술가의 창조적 행위에서 영감이야말로 신체적인 어떤 요인에 모든 조형의 과정이 순조롭게 이행되는 상태이고, 미술을 위한 정신력이라는 실제적 힘이기도 하다. 이런 의미에서 미술가들이 영적으로 성장할 수 있는 강력한 수단 가운데 하나가 미술 활동이라고 할 수 있다.

일찍이 칼빈은 성령의 조명 없이는 "하나님과 그에게 속한 일을 생각할 만한 높은 지혜를 가질 수 없다."라고 했다. 이 언급은 성령을 통해야만 하나님이 누구인지 인식하게 될 뿐만 아니라, 그로 인해 미술을 활성화할 만한 초월과 계시의 미학을 구성할 수 있다는 말이다. 성령은 진실로 긍정적이거나 아름다운 것을 산출할 때 요구된다. 대부분 사람에게 미술이 전부는 아니지만, 사람들의 영적 성장을 미술 분야에서 시작할 수 있다. 성경의 주된 이미지 중 하나가 창조적 모티프이다. 이 메시지는 온전한 위엄과 능력 가운데 계신 보좌 위에서 초월과 계시의 절정을 이룬다. 궁극적인 증거는 그분께서 세계를 아름다움의 미학으로 창조하셨고, 지금도 그것들에 완전한 관심을 가지고 계신다는 점이다.

물론 오늘날의 많은 사람은 하나님으로부터 독립하기를 원하므로 성령의 인도하심 없이도 많은 창조성을 드러내기도 한다. 칼빈은 이러한 태도야말로 "학문과 미술을 통하여 값없이 주시는 하나님의 선물을 무시하는 인간의 오만한 태도의 결과로서 하나님이 보시기에 불안정하고 무상한 것"에 불과하다고 강조한다. 이 경우 "죄 많고 타락한 세계에서 제공되는 것보다 더 상위의 현실을 밝혀주는" 미술의 고유한 사명은 요원하게 되고 만다.

오늘날의 많은 사람에게 열린 미술의 세계와는 대조적으로 아직도 많은 미술가에게 미술 세계는 낯설고 감춰진 듯한 느낌을 준다. 이에 대해 로크마커는 미술의 동일한 주제에 대해 영감에 따른 미술이 존재함 같이, 부적절한 영의 힘에 의한 미술이 가능할 수 있다는 사실을 증명한다. 이는 '하늘에 있는 악한 영들'(에베소서 6:12)이 실제로 인간의 미술 활동에 영향력을 행사할 수 있다는 사실을 인정하는 것과 같다. 로크마커는 영적 기능과 힘의 존재를 인식하지 않으며 부인하는 사고방식에 현대의 긴장된 미술 현상을 포착해 알려 주려는 것이다.

그렇다면 이 상황에서 악의 영들이 활동하는 미술의 구조적 모순을 변혁시킬 수 있는 핵심은 무엇인가? 로크마커는 미술에 대한 미학적 해석과 그 안에 담겨 있는 가르침이 "다만 악에서 구하옵소서"라는 수준의 영성으로 나아가기를 촉구한다. 구약의 예언자들은 기도를 민족의 회복을 위한 열쇠로 보았다. 한 예로 에스라는 바벨론에서 귀향하는 거룩한 백성들이 이방 여인들을 가까이하며 가증한 일을 하는 것을 보면서 통곡하며 기도했는데(에스라 9:1~3), "하나님의 성전 앞에 엎드려 울며 기도하여 죄를 자복할 때에 많은 백성이 심히 통곡하며"(에스라 10:1) 그 앞에 모여들었다. 로크마커 역시 인간에게 올바른 가치관을 부여하며 창조와 회복의 미술론을 이룩하기 위해 그 계시의 의미인 '밝혀진 혹은 열린' 등의 개념을 도입하지 않으면, 신앙과 미술의 관계를 규명하는데 밝은 미래가 존재할 수 없음을 말한다.

그렇다면 영성의 관점에서 볼 때 현대미술은 다른 시각에서 볼 때와 어떻게 구별될 수 있는가? 예컨대 회복으로서 현대미술의 미학적인 경험을 어떻게 규정해 나갈 수 있는가? 로크마커는 그리스도의 사역을 미술과 독특하게 관련 지으면서 동시대를 향한 미술적 메시지를 주는 모범작품으로 뒤러의 「요한계시록 판화」를 적극 추천한다. 그에 따르면 영감에 의해 표현된 미술 작품은 현대미술의 사고 구조나 사람들의 미학적 안목 그리고 그것의 넓은 적용 범위를 이해하는 데 크게 도움을 줄 수 있다. 역사적으로 이러한 미술을 실천한 화가가 16세기 독일의 알브레히트 뒤러Albrecht Dürer, 1471~1528이다.

성경의 테마는 시대적 배경 속에서 나타나는 필수 불가결한 요청이지만, 뒤러는 그 입장을 달리했다. 그는 하나님의 절대성을 철저히 규명하는 성직자로서 작품을 대했으며, 하나님과 인간과의 존재성을 미술로 승화시켰다. 루터의 종교개혁은 16세기 서양을 뒤흔든 종교혁명으로서 개혁의 시기에 미술적 변화를 끌어냈으며, 뒤러는 그 누구보다 이탈리아 르네상스의 미학을 수용 발전시켜 성경 미술의 변혁을 끌어냈다.

그는 이전 미술 역사에서 느꼈던 그 어느 것보다도 질적으로 차이가 나는 영적 종말론의 비전을 제시했다. 예를 들어 16세기 마틴 루터Martin Luther, 1483~1546에 의한 종교개혁(Reformation)은 당시 성경에 대한 새로운 인식을 바탕으로 시각 미술 분야에서 놀랄만한 변화를 초래했다. 즉 신앙을 근거로 하는 계시를 조형적으로 시각화하는 균형 잡힌 미술적 감각은 인간이 감지할 수 있는 인식의 한계를 인간의 상상력을 넘어설 정도로 확장해 놓았다. 이러한 변화를 받아들인 루카스 크라나흐Lucas Cranach der Ältere, 1472~1553, 알브레히트 뒤러Albrecht Dürer 등 당시의 미술가들은 성경의 계시에 적합한 우주론적이면서도 자연주의적인 미술적 관심에 따라 이를 적극적으로 논함으로써 종교개혁 미술론의 전통을 초기에 수립할 수 있었다.

종교개혁을 통해 성경만이 최종적이고 유일한 권위를 가진다는 루터의 주장은 그의 신학관 형성에 밀접한 관계를 맺음과 동시에 미술적 활동의 기본적인 틀을 만들어 주었다. 루터는 창조된 아름다움의 세계를 발전시키고 역사와 문화를 가능케 하는 독자적 역할이 미술 활동에 존재한다고 봤다. 루카스 크라나흐는 종교개혁 초기부터 루터의 친구이며 지지자였다. 1520년대부터 크라나흐는 회화와 동판화, 목판화로 제작한 성경의 삽화를 통해 루터의 아름다움에 대한 미학 사상을 널리 전파하는데 온 정성을 다했다.

뒤러의 미술론의 형성 배경에는 알베르티Leon Battista Alberti, 1404~1472와 레오나르도가 있다. 알베르티의 이론을 발전시킨 그는 자연을 조화의 관계로 이해하고 미의 특성을 '규범(Canon)'에 두어 올바른 비율을 강조함으로써, 순수한 수학적 탐구를 의미하는 비율을 통해 자연을 연구했다. 그의 과학으로서의 미술 세계는 근본적으로 도덕과 문화를 가진 인간 세계(Molti morali costumi)이다. 또한 과학으로서의 미술은 다름 아닌 '정신적 연구(Discorso mentale)'이다.

그 결과 레오나르도와 알베르티는 미의 형식적 기초 개념을 가시적으로 보이는 자연의 질서와 원리 안에 숨겨진 아름다운 비례에서 찾았다. 뒤러는 자연의 원리이자 미의 본질은 하나님의 창조 섭리 안에 있는 수학과 기하의 정리(定理)라고 믿었기에 축소된 '대우주(Marco cosmos)'로서의 인체, 즉 '소우주(Micro cosmos)'로서의 인체의 비례를 측정한 것이다.

뒤러의 「요한계시록 판화」 해설을 담고 있는 로크마커의 글은 한편으로는 기독교미술의 역사라는 큰 맥락을 통해, 다른 한편으로는 기독교 미학 안에서 전임 이론가들과의 차별을 통해 뒤러의 영성에 대한 우주적 관점을 드러낸다. 로크마커는 뒤러의 미술에서 위대한 이론적 배경이 되는 플라톤의 미학이 기독교의 전통에 비추어 어떻게 통합될 수 있는지를 성공적으로 보여준다. 그뿐만 아니라 기독교의 전통 안에서도 퀜텔바이블, 그뤼닝어바이블의 삽화가 플라톤의 미학과 차별되는 지점을 잘 포착하고 있다.

종합해 보면, 로크마커는 동일한 사물에 대해 가지고 있는 여러 가지 기억을 최종적으로 하나의 경험으로 응축시킨다. 그리고 그런 개별적이고 특수한 '계시'에서 얻는 개념들로부터 하나의 보편 판단으로 산출되는 '영성의 미술론'을 낳는다고 생각한다. 실재는 하나님께서 선하다고 말씀하신 창조의 그 시점부터 아름답고 선했다. 그뿐만 아니라 실재에 영적인 의미가 부여될 때, 현대미술은 실재에 대한 표현이라는 점에서 미술은 참되며 진리를 표상하게 된다. 이제 미술은 정말 새로운 심성, 새로운 정신을 함양하는 데 주도적인 역할을 할 수 있는 시대를 맞이했다. 새로운 이념과 사고를 전파하는데 중추적인 매개의 역할을 하게 된 것이다.

로크마커는 1920년 이후로 오랜 시간이 지났지만, 현대미술에 사실상 새로운 것이라곤 전혀 추가되지 않았다고 진단한다. 표현주의, 추상파, 입체파, 다다이즘 등 20세기 미술이 소유한 상이한 국면들은 실체를 묘사하는 여러 방법을 낱낱이 보여주었다. 하지만 이제는 새로운 기풍이 조성되었다. 지금까지 현대의 흐름은 미술가와 그 대중이라는 제한된 부류의 활동이었던 반면, 이제는 수많은 사람의 정서와 생활 방식에 영향을 미치게 되었다.

앞서 설명되었듯이 로크마커의 '영성의 미술론'은 우주적 범주에서 구성되는 미술의 외적 질서와 법적 상태를 주장하며 미술의 지평을 열어갔다. 로크마커에게 우주적 통일성의 확장은 미술적 개념을 통해 주체가 유한성을 넘어 초월의 무한성에 이르는 총체적인 과정을 의미한다. 하지만 그의 미술론은 경험으로서 지각되는 구체화한 미적 경험에도 민감하다. 그의 시각은 모든 서구의 철학적·형이상학적 관념 세계는 물론, 현상계에 충만한 열린 체계로서의 미학적 구성물을 아우르고 있다. 사정이 이렇다면 그의 '영성의 미술론'이 현대미술의 가치들을 포함한 역할과 기능의 문제에도 구체적으로 적용 가능하다고 생각한다.

로크마커는 루오[Georges-Henri Rouault, 1871~1958]의 「미제레레(Miserere)」 연작을 '이 작품들은 보는 자의 마음에 감동을 일으키는 영적인 작품'으로 소개한다. 미제레레는 앙드레 쉬아레스[Andre Suares, 1868~1984]의 종교시집을 근거로 1917~1927년의 시기에 제작됐다. 그는 전통에 얽매이지 않는 형식과 오늘날의 언어로 진정성에 해당하는 것을 추구하고자 했다. 더불어 루오는 자신이 속해 있던 시대를 향한 선지자적 예언을 잊지 않았다. 이 작품에서 전해지는 존재의 영감은 느낌의 그물망을 출렁이게 한다. 즉 그것은 우리에게 어떤 재현에 근거한 개념적 앎보다 먼저 어떤 영감을 선사한다.

물론 로크마커에 의하면 역사에서 미술이 오로지 신비주의적이란 의미에서 영적으로 표현된 경우도 있었다. 달리[Salvador Dali, 1904~1989]가 그린 「최후의 만찬(Last Supper)」은 망령이나 다름없는 그리스도를 배석시킨 영락없는 신비주의적 성찬 예식 장면이다. 그런가 하면 그의 「십자가에 매달린 성 요한의 그리스도(Crucifixion of St. John of the Cross)」에서 요한이란 존재는 16세기의 이교적 신비주의자로, 지상에 접해 있지 않고 땅 위에 솟아올라 공중에 달린 이상야릇한 십자가 개념을 설파한 인물이다. 그는 단지 이교적 전통에서 추출한 신비주의적 요소를 소개했을 뿐이다.

하지만 루오의 「미제레레(Miserere)」 연작 중 하나인 「13. 사랑하면 그렇게도 포근할 텐데」에서 우리는 아주 섬세하고 포근한 영성을 감지하게 된다. 더 나아가 작품에서 느껴지는 영성은 우리를 '조율(Stimmen)'하고 '규정(Bestimmen)'한다. 로크마커는 삶과 문화의 원동력이 되는 영성을 통해 영성이 생각하는 것보다 더 큰 힘을 가지고 있으며, 인간이 쉽게 통제하고 무시할 수 있는 사소한 것이 아니라 오히려 그것을 통해 삶과 미술의 특수한 경우도 규정된다는 점을 말하고자 한다. 다시 말해 영성은 우리가 능동적인 위치에서 행하는 것이 아니라 그것이 우리를 소유하는 것, 즉 영성은 주어지는 것으로 이해된다. 로크마커는 오랫동안 미술의 영역에서 홀대 되었던 '영성' 문제의 중요성을 잘 알고 있는 미술사학자였다. 전통적인 미술학자들이 생각했던 것처럼 영성이 한갓 신비주의적이고 개인적이어서 진리의 인식과 실천을 방해하는 것이 아니라고 여겼다. 오히려 영성은 로크마커에게 빠트릴 수 없는 인간 실존과 미술의 중요 형식이자 특정한 상황에서도 존재의 본질을 드러내는 한 가지 방식이었다.

이 작품 속에 그려진 인간은 그리스도의 품에서 인간의 실존 자체가 휴머니즘적이고 특수한 역사적 상황 가운데 놓인 영적 생명으로 그려지고 있다. 인간의 휴머니즘은 어떤 역사적 시대의 특정한 사건을 통해 형성되기도

한다. 인간은 언제든 슬픔의 계절, 비탄의 때를 인식할 수 있다. 오만한 미래 예측과 정책들 속에서 종말의 시계추 소리를 들을 수 있다. 그리스도는 안개 속에 싸여 거룩한 순종만을 기대하는 그런 분이 아니다. 에덴동산을 만드시고 그 안에서 풍성한 삶을 살도록 하셨듯이 우리 가운데 사랑으로 계신 하나님이시다. 그를 단지 멀리 떨어진 채로 세상을 심판하는 분으로 여겨서는 안 된다. 이 의미를 작품은 충분히 구현하고 있다. 스테인드글라스 기법에서 유래한 투명한 색채감각과 검은 윤곽선이 주는 은유적인 신비는 인간의 깊은 내면을 감싸 안는다.

이렇듯 영성은 구체적인 삶과 미술이라는 물질적, 정신적 생활공간에서의 시점이 지닌 독특한 의미를 간파할 수 있다. 한스 벨팅Hans Belting,1935~2023의 주장대로 '미술사의 종말' 이후, 특수한 역사적 기술의 적용이나 연구방법론 모색이 필요한 시점에 '영성의 미술론'은 개인, 문화, 지역 등의 관계에서 펼쳐지는 차이들과 역사적 특수성을 포착해 낼 수 있는 장점이 있다.

'영성'으로 옷 입은 미술사의 영웅을 꿈꾸며

로크마커에 의하면 계몽주의 시대에는 명석하고 판명한 관찰에 의해 예술의 보편적 원리(General principles)마저 진단되어 급기야는 포기되기에 이른다. 철학의 한 경향쯤으로 발흥했던 계몽주의가 종교와 예술의 진리 영역까지 손을 드리우자 상대성과 지성의 자유라는 토대 위에 대담한 형식으로 예술의 영적인 문제들은 뿌리마저 흔들리기 시작했다.

19세기의 자연주의도 유일한 진리의 자리를 순수 시각언어와 자연적 요소가 차지하면서 인간성에 작용하는 미의 고유한 가치를 놓치고 말았다고 증언한다. 또한 그 미술의 효과로 디오니소스적 도취를 통해 넘쳐나는 힘

(Surplus power)에 의존함으로 낭만적 신비주의를 불러일으켰다고 말한다. 로크마커는 당시의 신비주의적 미술의 역사가 그 후속적 미술에도 변이되어 게재되었음을 강조한다. 그는 미술은 선(禪) 사상을 열광적으로 받아들여 자유로운 경지에 이르게 됨으로 영구적인 원칙과 가치를 담아내는 예술을 창출하고자 했으나, 일종의 허무주의에 가까운 반이성의 영역으로 향할 뿐이었다고 증언한다. 또한 현실을 초월해 절대 관념을 동경하던 초현실주의는 생의 원초적 현상과 정신의 희열을 구사했으나, 고통과 두려움이 가득한 비합리성의 세계를 건설하는 데 일조하고 말았다.

이러한 가슴 아픈 현실을 목도하는 로크마커에 남는 질문이 있다. 우리 시대에 무엇보다 시급히 요청되는 미학은 무엇일까? 그것은 사그라지는 회복의 불씨 살리기일 것이다. 인간이 창조하는 예술은 회복을 지향하려는 희망이 존재하지 않는 한 유지되기 힘들다. 근대 및 현대미술이 가히 병적인 상태에 처해 있다고 비판했던 로크마커는 상실한 중심, 잊히는 이상, 인간과 자연 등과 같은 예술의 본질적인 명제들을 제기하며, 정신성과 세계관의 부재를 강하게 비판하면서 미학적 대안을 제시하기 위해 나섰다.

이에 관한 자연스러운 결과로 로크마커에게 미술론의 목표는 '창조성의 회복'을 미학 이론으로 제시하는 것이 되었다. 여기에서 회복이란 '중심을 상실한 미술'의 현재와 미래가 그것의 원래 목적했던 바의 모습으로 변혁되는 것을 말한다. 미술론의 목표를 '회복'으로 상정하는 것은 20세기 개혁주의 미학자 대부분의 공통된 태도였다. 무엇보다 로크마커는 그것의 기반을 '영성' 위에 수립하려고 했다. 대표적인 개혁주의자로 알려진 카이퍼Abraham Kuyper, 1837~1920나 도여베르트Herman Dooyeweerd, 1894~1977처럼 영성의 계발과 함양을 주창하고 종합했으며, 이를 미술론에 구체적으로 적용했다는 점에서

의의가 있다.

특히 19세기 이후에는 예술과 사회적 관점을 다루는 역사가 형이상학적인 요소를 배제하고, 경험이나 형식주의적 요소만을 수집하여 통계표를 만들고, 인간에 내재한 고유한 개성과 특징은 도외시하는 경향이 다분했다. 결국 로크마커는 이러한 미술사학의 방법론적 자율성에 대해 회의적인 입장을 표명한 제들마이어Hans Sedlmayr, 1896~1984의 연구 태도를 수용해 작품이 정신사로서의 세계관적 표현이라는 예술의 본질을 규명하기에 이른다. 즉 그는 예술의 본질에 관한 문제를 제기하고 미적 경험의 존재 방식을 세계관의 개념과 연관하여 다룸으로써 미술작품에도 영적이며 동시에 미학적 진리와 동일한 가치가 내재한다는 사실을 드러냈다. 그는 이것이야말로 창조 행위 중에서 모든 일이 순조롭게 이루어지는 상태이며, 예술가가 정신을 집중할 수 있는 최상의 조건이라고 상정했다.

05

유경숙
| 서양화가 작가

안동대학교 서양화과와 동 대학원 미술교육과를 졸업하고, 장신대 신대원에서 구약학(M.Div, Th.M)을 전공한 후 교육 전도사로 사역 중이다. 다수의 전시에 참여해 작가로서 활발한 작품 활동을 이어가고 있으며, 자신의 미술작품 활동뿐 아니라 다른 작가들의 작품 해설을 통해 하나님이 주신 생명의 복음을 풍성하게 전하는 데 관심을 기울이고 있다. 또한 성서 본문이 작가들에게 어떻게 해석되고 표현되는지 살펴보고 성서 본문을 바르게 연구하고 해석하는 데 매진하고 있다. 저서로는 『한국 기독 미술의 흐름 Pro Rege II』(공저), 『여섯 개의 시선』(공저) 등이 있다.

렘브란트와 샤갈의 '이삭의 희생' 해석

미술사적으로 볼 때, 여러 시대를 거쳐 많은 화가가 신구약 성경의 내용을 주제로 해 예술작품을 제작했다. 그렇다면 성경에서 어떤 인물과 내용과 본문이 예술가들의 주목을 받았을까? 그것은 바로 위대한 믿음의 사람으로 잘 알려진 아브라함의 신앙과 삶을 담고 있는 구약성경 '창세기 22장 1~19절' 본문이라고 할 수 있다. 창세기 22장은 '아브라함이 하나님의 명령에 따라 외아들 이삭을 번제물로 바치기 위해 죽이려는 순간 천사가 나타나 아브라함을 막는 이야기'이다. 이 본문은 '아브라함의 믿음'이라는 표면적인 주제를 넘어 훨씬 더 많은 메시지를 내포하고 있다.

게르하르트 폰 라드G. von Rad는 "모든 족장 이야기 중에서도 이 설화가 가장 풍부한 양식과 심오한 이야기를 가진다."라고 평가한다.[1] 이는 어느 특정한 인물이나 주제만으로는 창세기 22장 본문의 의미를 파악할 수 없음을 말해 준다. 지금까지 이 본문은 '인신 제사 폐지와 제사 의식의 장소를 설명하는 원인론적 이야기로 보는 관점', '아브라함에게 주어진 시험으로 보는 관점', '이삭을 그리스도의 표상으로 보는 모형론적인 관점', '이삭의 순종을 강조한 아케다(묶음)의 이야기로 보는 관점' 등으로 연구되고 분류되어 수용됐다.

신학자들이 활발하게 다루는 주제만큼이나 티치아노Tiziano Vecelio(1542년 作), 카라밧지오Caravaggio(1598년 作, 1603년 作), 야콥 요르단스Jacob Jordaens(1630년 作), 하르멘손 반 레인 렘브란트Harmenszoon van Rijn Rembrandt(1635년 作), 후안 데 발데스 레알Juan de Valdes Lea(1659년 作), 마르크 샤갈Mark Chagall(1931년 作) 등의 예술가들에게도 창세기 22장은 인상적으로 읽히고 해석되었다. 그들은 창세기 22장의 엄청난 서사적 사건을 어떻게 이해하고 해석해 그림으로 표현했을까?

창세기 22장을 다룬 많은 역대의 화가들 가운데서도 17세기와 20세기의 미술의 거장으로 잘 알려진 렘브란트와 샤갈을 주목하고자 한다. 네덜란드의 화가 렘브란트Harmenszoon van Rijn Rembrandt, 1606~1669는 창세기 22장 본문에 각별한 관심을 가지고 일평생 습작을 포함한 여러 점의 작품을 제작했다. 렘브란트를 존경하고 사랑했던 샤갈Mark Chagall, 1887~1985 또한 이 본문을 테마로 여러 점의 그림을 그렸다.

프로테스탄트였던 렘브란트와 유대인이던 샤갈이 「이삭의 희생」과 같은 성경 그림을 그릴 수 있었던 삶과 신앙적 배경은 무엇이었을까? 그들은 창세기 22장, 「이삭의 희생」 작품을 통해 무엇을 이야기하고 싶었을까? 렘브란트와 샤갈이 각각 한 본문을 어떻게 해석하고 바라보았는지, 무엇을 강조하여 그렸는지, 그 작품들이 가지는 공통점과 차이점은 무엇인지, 실제 성경의 내용과는 어떤 차이점이 있는지를 도상학적인 분석을 통해 살펴볼 것이다. 그들의 삶과 성경 해석이 반영된 예술 작품은 우리를 성경 본문의 행간에 있는 상황을 상상하도록 이끌면서 그 본문을 살아있는 현실 세계로 이끌 것이다.

렘브란트: 개혁주의와 성경의 영향! 삶과 예술을 이끌어 온 원동력
렘브란트가 활동하던 17세기의 네덜란드는 칼뱅 종교개혁의 영향을 받고 있었다. 당시 중세 가톨릭의 형상과 이미지에 대한 우상숭배를 반대한 종교개혁가들은 시각 예술에 대한 부정적인 견해를 가지고 있었다. 하지만 칼뱅은 예술을 기독교 신앙과 대치되는 것으로 보지 않고 긍정적인 것으로 보았다. 이런 칼뱅의 영향으로 인해 풍경화와 풍속화, 성경 그림이 17세기 네덜란드 미술의 장르로 나타나면서 네덜란드는 예술의 황금기를 맞이한다. 그러나 일상적인 삶의 성스러움을 강조하는 종교개혁의 영향으로 성경 미술

은 네덜란드의 화가들에게 환영받지 못했다. 또한 수요도 없었기에 성경 그림을 그리는 화가가 많지 않았다.[2]

'프로테스탄트'였던 렘브란트가 이러한 시대와 사회적 흐름을 역행하면서 직접적인 성경의 내용을 자발적으로 그린 이유는 무엇일까? 렘브란트는 성경의 내용을 작품화하는 것을 자신의 소명으로 여겼고, 한평생 이 소명을 변함없이 지켜나갔다.(서성록, 2001 : 23) 그는 단순히 역사화를 그리기 위한 하나의 소재로 성경의 이야기를 다룬 것이 아니었다. 렘브란트의 성경적 관심은 기독교 가정에서 자란 그의 어린 시절부터 형성되었다. 성경은 렘브란트가 관계를 맺으며 반복적으로 읽은 유일한 책으로 그의 삶과 예술을 이끌어온 원동력이 되었다. 가난했던 노후의 렘브란트가 죽으면서 남긴 몇 안 되는 소유물 중의 하나가 바로 성경책이다. 이러한 점을 통해 성경이 그에게 주는 특별한 의미를 알 수 있다.[3] 화가들 사이에서 기독교 그림이 쇠퇴하던 시기에도 렘브란트는 기독교라는 주제에 주력했으며 나이가 들수록 오히려 성경 속으로 더 깊이 빠져들었다.

렘브란트는 화가라는 직업 소명을 가지고 일관된 방향을 집요하게 탐구하여 성경 본문의 진리를 밝히 드러냈다. 성경의 주해는 기독교인 누구나 하나님의 말씀을 스스로 읽고 연구하도록 가르치는 데 목적을 두어야 한다는 종교개혁 사상으로 인해 렘브란트도 쉽게 자국의 언어로 된 성경책을 접할 수 있게 되었다.[4] 곰브리치E. H. Gombrich, 1909~2001는 렘브란트가 성경의 내용을 잘 표현할 수 있었던 이유는 그의 천부적인 재능과 함께 신앙심이 깊은 신교도로서 성경을 여러 번 되풀이해서 읽었기 때문이라고 말한다. 렘브란트는 성경의 세계 깊은 곳으로 들어가 그러한 이야기들이 벌어지는 상황이 어떠했으며 인물들이 어떻게 행동했을지 머릿속에 구상하고 그것을 화

폭에 옮겼을 것이다.[5]

렘브란트가 암스테르담으로 이주한 10년 동안 성경 그림을 그렸는데, 거기에 등장하는 인물은 한결같이 평범하고 현실적인 인물들이다. 렘브란트가 성경의 주인공을 세속적 인물로 묘사한 것은 종교 개혁가들이 주장한 성경 읽기와 일맥상통한다. 성경 이야기를 소재로 한 활발한 그의 작품은 화려함을 강조한 플랑드르 바로크와 달리 담담하고 단순하게 묘사되었다.[6] 렘브란트의 성경 그림에 대해 "성경과 렘브란트의 예술적 지평이 융합하면서 탄생한 시각적 주석"이라고 김학철은 평가한다.[7] 렘브란트는 구약과 신약의 많은 테마를 다루었는데[8] 주요 작품으로는 「십계명 두 돌판을 깨트리는 모세」(1659), 「돌아온 탕자」(1669), 「갈릴리 바다」(1633), 「나사로 부활」(1630) 등이 있다. 그중에서도 창세기 22장 1~19절의 본문을 가지고 그린 「이삭의 희생」은 그의 걸작품 중의 백미로 꼽을 수 있다. 렘브란트의 창세기 22장을 테마로 한 연작은 1634년에 첫 드로잉 작품을 시작한 이래로 1655년까지 20여 년 동안 다양한 표현 방법을 통해 계속되었다. 이는 그가 성경의 한 본문을 두고 오랜 시간 동안 되새김하고 씨름했음을 보여준다. 창세기 22장의 주제와 관련된 습작을 포함한 일곱 점의 작품 중에서 1635년(*29세*) 작품과 1655년(*49세*) 작품 두 점을 살펴보고자 한다.

렘브란트가 그린 창세기 22장

렘브란트와 샤갈 작품의 배경이 되는 창세기 22장 본문의 대략적인 내용은 이렇다. 하나님께서 아브라함에게 자신이 일러준 땅으로 가서 사랑하는 외아들 이삭을 번제로 바치라고 명령하신다. 아브라함은 아침에 일찍이 일어나 번제용 나무를 나귀에 싣고 두 종과 이삭과 함께 길을 떠난다. 번제할 장소에 가까이 이르렀을 때 아브라함은 두 종과 나귀를 그곳에 머무르게 한 뒤 나무를 이삭에게 지우고 다시 길을 간다. 아브라함과 이삭이 짧은 대화를 나누고 난 후에 그들은 번제할 곳에 이른다. 아브라함이 번제용 제단 위에 아들을 묶어서 올리고 손을 내밀어 칼을 잡는다. 사랑하는 아들을 죽이려는 순간에 하늘에서 아브라함을 부르는 천사의 음성이 들린다. 천사는 이삭을 죽이지 말라고 말한다. 아브라함이 고개를 들어 수풀에 뿔이 걸린 숫양을 발견한다. 아브라함은 하나님이 예비하신 숫양을 이삭 대신에 하나님께 제물로 드린다. 외아들을 아끼지 않고 하나님께 드린 아브라함에게 천사가 하나님의 복을 선언한다.

    렘브란트는 비교적 이 내용을 충실하게 따르며 자기 작품에 반영했다. 그는 손에서 칼을 떨어뜨리는 아브라함의 모습과 칼이 공중에 떠 있는 상태로 시간이 멈춰버린 듯한 상황을 묘사했다. 이미 카라밧지오와 이탈리아의 르네상스 화가들과 프랑스 바로크의 예술가들이 창세기 22장의 주제에 대해 잘 알려진 그림을 그렸으나, 렘브란트는 그들의 작품들과 상응하면서도 구별되는 자신만의 버전version을 이 작품에서 제시한다.[9] 렘브란트가 꾸준히 성장하는 제자들을 그의 주변에 모이게 할 만큼 인기 있는 초상화가였을 때, 성경을 주제로 한 가장 크고 웅장한 역사화[10]를 그린 것이다. 그림에서는 이삭의 죽음이 임박했던 급박한 상황 속의 긴장감이 느껴진다. 삶과 죽음의 경계선과 아브라함이 가진 믿음의 절정이 빛과 어둠의 극명한 대조로 극대화된다. 그림의 거친 역동성과 극적 명암의 대비효과는 많은 감상자에게 바로크 화가로서의 렘브란트를 설득력 있게 보여준다.[11]

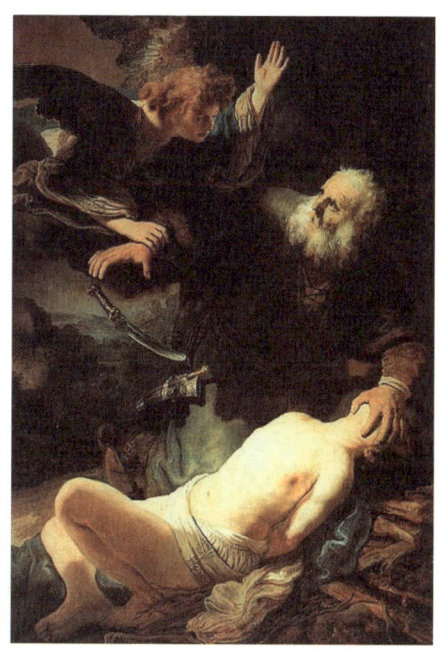

렘브란트 「이삭의 희생」
1635(29세), 캔버스에 유채, 193.5×132.8cm
에르미타주 미술관, 상트페테르부르크

    렘브란트는 오랜 시간 동안 자화상과 초상화, 역사화 작업을 통해 인물에서 느껴지는 생동감을 어떻게 표현해낼지에 대한 세밀한 기법을 연구하고 터득했다. 그의 종교화는 성경의 특정한 본문과 전통적인 구성에 대한 지식뿐만 아니라 그가 오랫동안 머무르며 관찰했던 암스테르담 유대인들의 모습을 연구한 결과다.[12] 렘브란트의 작품 속 인물의 시선은 예리하고 침착해 감상자의 마음을 꿰뚫어 보는듯하다. 곰브리치 E.H. Gombrich는 렘브란트가 신비스러울 정도의 해박한 지식을 가지고 있다며 다음과 같이 극찬한다. "그는 셰익스피어처럼 갖가지 유형의 인간들 피부 속으로 들어가서 주어진 상황 하에 있는 사람들이 어떻게 행동하리라는 것을 아는 것 같다."(E. H. Gombrich, 2017 : 423)

렘브란트는 스무 살에 완벽한 묘사력을 갖출 정도로 재능을 가진 화가였지만 재능에만 머물지 않았다. 그는 스승 라스트만의 구도 감각과 역사화에 대한 장인 기술을 배웠으며, 카라밧지오의 드라마틱한 명암법을 배워 작품에 응용했다. 또한 유화 재료의 가능성을 발견하여 바탕에 물감을 두텁게 바른 후 다양한 기법을 연구했다. 그의 이러한 예술적 재능과 능숙한 기술은 이 작품에 잘 반영되어 나타난다.

이 유화 작품에 표현된 아브라함은 이마에 깊은 주름이 패였고, 수염이 턱밑까지 내려온 노년의 모습이다. 그러나 노년의 아브라함은 왼손으로 이삭의 턱과 얼굴을 감싼 채 힘으로 이삭의 목을 힘껏 뒤로 누르고 있는 강인한 모습으로 묘사되었다. 하나님의 뜻을 따르고자 하는 자의 결연함이 그의 왼손에 두드러지게 나타난다. 렘브란트는 사랑하는 여인 사스키아와 결혼한 다음 해인 1635년에 이 그림을 그렸다. 이 시기는 안정적인 결혼생활과 풍부한 재정, 화가로서의 명성을 가졌던 시기로 그에게 있어서 인생의 가장 풍요롭고 행복한 시기였다.[13] 그래서일까? 여기에 표현된 아브라함은 연약한 인간의 모습보다는 하나님의 뜻을 거침없이 행하여 따르는 강인한 믿음이 강조되어 나타나는 듯하다.

성경에도 아브라함의 믿음의 행위가 여러 문학 장치를 통해 드러난다. 3절에서 사용된 바브 연속법의 여섯 개의 히브리어 동사 '그가 일찍 일어났다'(וַיַּשְׁכֵּם 바야쉬켐), '그가 안장을 얹었다'(וַיַּחֲבֹשׁ 바야하보시), '그가 데리고 갔다'(וַיִּקַּח 바이까), '그가 쪼갰다'(וַיְבַקַּע 바예바까), '그가 일어났다'(וַיָּקָם 바야콤), '그가 걸어갔다'(וַיֵּלֶךְ 바옐레크)는 이 모든 동작의 주어인 아브라함이 손수 하나님의 명령을 실행에 옮기고 있음을 상세하게 설명한다. 9~10절 역시 '그가 쌓았다'(וַיִּבֶן 바이벤), '그가 펼쳐놓았다'(וַיַּעֲרֹךְ 바야아로크), '그가 묶었다'(וַיַּעֲקֹד 바야아코드), '그가 올려놓았다'(וַיָּשֶׂם 바야셈), '그가 폈다'(וַיִּשְׁלַח 바이쉘라), '그가 잡았다'(וַיִּקַּח 바이까)의 여섯 개 동작이 연속적으로 자세하게 표현됨으로 아브라함이 하나님의 뜻에 자신의 의지를 굴복시키며 순종하는 모습을 강화한다.

그림에서 아브라함의 오른손은 천사의 손에 잡혀서 쥐고 있던 칼을 놓친 채로 아래로 펴져 있다. 아들을 죽이려는 순간에 갑작스럽게 등장한 천사로 인해 어리둥절한 표정을 짓는 아브라함의 모습을 렘브란트는 묘사한다. 천사의 극적인 등장으로 인해 그동안의 갈등과 극적 긴박감이 해소된다. 렘브란트는 결정적인 구원의 순간을 묘사하는 오랜 전통을 따라함으로 극적 효과를 극대화했다. 이런 장치는 고대 그리스 비극에서 자주 사용하던 극작술의 하나인 '데우스 엑스 마키나Deus ex machina'14)에 해당한다. 이 기법은 17세기 바로크 예술에도 나타나는데 렘브란트도 이 기법을 그림에 차용한 것이다. 당황한 표정의 아브라함은 고개를 들어 천사를 응시하고 있다.

칼은 공중에서 멈춰진 상태로 표현되었는데 허공에 떠서 자유낙하를 하는 칼의 모티브로 인해 감상자는 움직임이 계속 일어나고 있다고 상상하게 된다. 아브라함의 옷은 짙은 어둠 속에 묻혀서 잘 보이지 않고 아브라함의 얼굴과 양손만이 밝게 부각 된다. 이 작품에서는 명암의 효과를 극대화한 렘브란트의 키아로스쿠로chiaroscuro기법15)이 잘 표현됐다. 렘브란트는 1630년대에 들어가면서 과거 사용했던 차가운 색조에서 벗어나기 시작해 점차 빨간색과 황금색, 황적색과 황색과 같은 따듯한 색깔을 애용했다. 이 그림에서는 두 가지 색조가 함께 보인다.

그의 성경적 그림은 시대마다 다소 차이를 보인다. 1630년대는 그의 스승 피터 라스트만Pieter Lastman, 1583~163316)의 영향을 받고 있던 터라 영웅적이고 역동적인 표현을 하는 바로크 양식의 특징을 보인다. 서성록은 렘브란트의 그림에서 "바로크풍의 과장된 몸짓과 극명한 명암 대비가 나타나며 극적인 연출로 인해 번제를 드리는 아브라함의 외적인 상황에 초점이 맞춰지고 있다."라고 설명한다.[17] 미하엘 보케뮐Michael Bockemühl, 1943~2009 또한 렘브란트가 사건에 등장하는 인물의 외적인 행동의 절정을 잘 묘사하는 역사화의 법칙을 이 작품에서 훌륭하게 구사했다고 평가한다. 렘브란트의 의도는 오직 사건의 표현에서 최대한의 생생함을 주어 감상자가 사건의 목격자가 되어 직접 그 사건을 경험하도록 하는 데 있다.[18]

이러한 특징 때문에 젊은 시절의 렘브란트는 그가 선택한 장면들을 외적 행동의 절정에 이르기까지 강화함으로 예술의 한계를 넓혔다는 평가를 받는다. 렘브란트는 작품의 화면 구성을 통해 감상자를 빠르게 지나가는 그 사건의 순간에만 묶어두지 않고 이미 지나간 것과 앞으로 올 것에 대한 암시를 더해준다. 렘브란트의 작품에 나타나는 인체 표현은 인간의 심리적 요인을 끌어 들일만큼 사실적이며 동세는 매우 자연스러워 감상자를 그림 속으로 흡입하는 능력을 갖춘다.[19] 렘브란트는 등장인물 각각의 자세한 묘사를 통해 전체상황과 인물들의 심리를 바라볼 수 있게 해준다. 그림에서 슬픔과 공포로 사로잡힌 늙은 아브라함이 천사를 향해 몸을 돌리고 있다.

창세기 22장 11절은 하나님의 천사가 하늘로부터 "아브라함아! 아브라함아!" 하며 아브라함을 부르고 "아이에게 손을 대지 말라" 말했다고 기록한다. 성경은 천사가 모습을 드러냈다고 증언하지 않지만, 렘브란트는 천사를 인간의 얼굴과 손을 가진 가시적인 모습으로 표현한다. 두 날개를 뒤로 젖힌 천사는 왼손을 펼쳐 하늘을 가리키고 있는데 하나님의 말씀을 대변하는 포즈를 취한 듯하다. 천사의 오른손은 아브라함의 오른쪽 손목을 부드럽게 잡고 있다. 이렇게 천사의 두 손은 서로 다른 동작으로 이삭을 죽이려는 아브라함의 행동을 막고 있다. 천사의 시선은 아브라함을 향해 있으나 이삭의 얼굴로도 확장된다. 하나님의 뜻을 전하는 천사의 모습은 하나님의 아브라함과 이삭을 향한 구원의 은혜를 보여준다고 해석할 수 있다.

렘브란트는 이삭을 어떤 모습으로 묘사했을까? 이삭의 상체는 번제용 나무 위에 45도 정도의 각도로 눕혀져 있다. 또 이삭의 얼굴은 뒤로 젖혀져 있고 몸은 자신을 태우게 될 장작에 닿아있다. 렘브란트는 번제용 나무들 위에 눕혀진 채로 두 손이 묶인 이삭을 표현한다. 묶인 이삭의 두 손은 등 뒤로 접혀 보이지 않는다. 이삭의 두 다리는 묶여 있지 않다. 왼쪽 무릎은 완전히 뒤로 접힌 채로 세워져 있고, 오른쪽 무릎은 오른쪽으로 눕혀져 있다. 이삭의 나이는 얼마나 되었을까? 그림에 표현된 이삭은 어린아이가 아니라 건장한 청년의 모습이다. 묶여있고 청년으로 묘사된 이삭은 아버지의 뜻에 순종한 이삭의 결단을 적극적으로 드러낸다. 성경의 주석과 렘브란트의 그림에서 알 수 있는 사실이 있다. 이삭이 자신을 결박해 죽이려는 늙은 아버지에게 얼마든지 반항할 수도 있을 만큼 장성했으나 그렇게 하지 않고 순순히 아버지의 결박에 몸을 맡겼다는 사실이다. 이삭은 힘이 있지만 사용하지 않았다. 그림에서 가장 밝은 빛은 이삭의 가슴을 비추고 있다. 비록 얼굴은 아브라함의 손에 가려져 표정은 읽을 수 없지만, 이삭의 온몸을 비추는 밝은 빛은 아버지의 뜻에 자신을 내어주며 기꺼이 순종했던 이삭을 강조한다. 더불어 그 빛은 이삭을 향한 하나님의 은혜로 해석할 수 있다.

이삭은 어떻게 아버지의 뜻에 순종할 수 있었는가? 칼뱅의 말처럼 이삭이 아버지를 전적으로 신뢰했기 때문이다.[20] 조현영은 "이 충격적인 사건 가운데 이삭도 큰 상처를 받았을 것이나 그 '상처'와 '두려움'을 넘어 이삭은 하나님과의 믿음의 관계를 이어갔다."[21)]라고 말한다. 폰 라드는 하나님 체험과 믿음에 대해 다음과 같이 이야기한다.

강력한 하나님 체험은 불에 덴 것처럼 삶에 깊은 흔적을 남기며 삶을 변화시킨다. 따라서 믿음은 신조가 아니라 시험하시는 하나님과 마지막 순간까지 동행하는 실천적 삶인 것이다. 후대의 이스라엘 민족은 이삭의 모습에서 하나님의 제단 위에 놓여졌다가 다시 하나님으로부터 삶을 돌려받는 자신의 운명을 볼 수 있었다. (Gerhard von Rad, 1981 : 269)

아버지 아브라함에 대한 전적 신뢰와 사랑을 가졌던 이삭은 자신을 아버지의 뜻에 복종시켰다. 그리고 그는 아버지와 자신을 지켜보시며, 자신을 죽을 위기에서 구원하시고, 자신을 위해 숫양을 준비하신 하나님을 몸소 체험하게 되었다. 하나님을 경외하고 있다는 것을 인정받은 아브라함에게 주어진 복의 내용 중에 18절의 내용을 주목해 보면 아브라함에게 주어진 이전의 약속과 달라진 점을 발견하게 된다. '너로 인해'에서 '너의 자손으로 인해'로 바뀌었다는 점이다. 세상이 아브라함을 통해 복을 받았지만, 더 많은 축복이 아브라함의 자손을 통해 올 것이라는 사실을 강한 어조로 말하고 있다. 이제 주체가 아브라함에서 아브라함의 자손으로 이어지고 있다. 이삭은 아버지의 하나님을 자신의 하나님으로 경험했고, 하나님과 더 깊은 사랑의 관계로 들어가게 된 것이다.

서성록은 숨 막히는 순간을 묘사한 렘브란트의 그림이 심오한 영적 진리를 내포한다고 보았다. 장작 위에 누운 이삭의 모습에서 십자가에 달리신 예수 그리스도의 자기 포기와 희생의 모습을 볼 수 있다는 것이다.[22)] 이러한 해석은 본문에 등장하는 인물이 후대에 나타나는 인물의 전형이라고 보는 모형론적인 해석으로, 오랫동안 유대교와 기독교에서 긍정적으로 인식되었다. 교부시대는 본문을 우화적이고 영적인 것으로 해석하는 특징을 가지고 있어서 다수의 교부가 이삭을 그리스도의 표상으로 봤다. 교부들의 예형론에서는 희생제물을 사를 장작을 짊어진 이삭이 십자가를 지신 예수님을 예표하고 있으며, 수풀에 걸렸다가 제물로 바쳐지는 숫양은 인간의 고통으로 철저하게 죽어가는 예수님을 가리킨다고 해석하기도 한다.[23] 이 작품에는 등장하지 않지만, 렘브란트는 다음 해에 그린 「이삭의 희생」(1636년)에 숫양을 그려 넣었다.

이 그림은 강조점에 따라 다양한 제목으로 불린다. '아브라함의 제사' 또는 '아브라함의 희생'이라는 제목은 아브라함의 믿음에 초점을 맞추고 있고, '이삭의 희생'이라는 제목은 하나님과 아브라함, 이삭 사이에서 벌어지는 과정을 강조한 유대교의 입장을 잘 드러내고 있다. 이 작품에서 아브라함과 이삭과 천사를 비추는 밝은 빛은 그들 모두를 주목하도록 한다.

렘브란트 「아브라함의 제사」
1655(49세), 에칭과 드라이포인트
15.6×13.1cm

1634년부터 여러 번 작품화된 이 주제는 렘브란트가 49세가 된 해인 1655년에 '에칭' 기법을 통해 마지막으로 제작되었다. 이 시기의 렘브란트의 재정 상태는 급속히 악화되었는데, 그다음 해에 파산 신고를 할 정도였다. 1642년 첫 아내 사스키아와의 사별 뒤에 복잡한 가정사와 경제적 어려움 등이 이어졌다. 이러한 문제들을 겪은 노년의 화가 렘브란트는 성경의 주제들을 더욱 집중적으로 그려가면서 신앙을 통해 현실을 극복하고자 노력했다. 그런 그의 내면세계가 작품에 표현되었다.[24] 힐러리 윌리엄스Hilary Williams는 어려운 환경 속에서 경험한 인간의 곤경에 대한 동정과 그것을 전달하는 능숙한 방식이 렘브란트의 경력 전반에 걸쳐 그의 강점이 되었다고 평가한다.[25]

렘브란트는 유화뿐만 아니라 에칭과 인그레이빙, 드라이포인트와 같은 판화를 자유자재로 능숙하게 다뤘다. 그의 판화 작품은 유려하고 자연스러운 회화 느낌을 준다고 평가받는다.[26] 특히 마리에트 베스테르만Mariët Westermann은 에칭에 뛰어난 렘브란트의 실력을 극찬하며 "렘브란트가 화가의 길로 들어선 초창기부터 죽음을 맞이할 때까지 꾸준히 에칭을 통해서, 인간의 얼굴 표정을 포착해 내는 능력과 얼굴에 대한 광범위한 지식을 매혹적인 예술로 승화시키는 능력을 세상에 알릴 수 있었다."라고 말한다.[27] 성경을 주제로 한 작품에 나오는 인물도 렘브란트의 손을 거치면 힘이 넘치는 포즈와 몸짓이 조화를 이루는 인상적인 인물로 표현되었다. 주제를 적절한 방식으로 다루는 그의 탁월한 능력은 천부적인 재능뿐 아니라 오랜 시간 동안 꾸준히 연구하고 다작을 해오며 고수한 그의 작업에 대해 가진 일관되고 성실한 태도의 결과였다.

능숙한 에칭 기법으로 제작된 이 그림 속 아브라함의 이미지는 왜소하고 초췌한 모습이다. 그렇게 노쇠한 아버지에게서 부드럽고 온유하고 인자한 모습이 느껴진다. 29세의 렘브란트가 그렸던 그림(1635년 作)의 아브라함이 강한 힘으로 아들 이삭을 제압하는 모습이라면[28], 20년의 세월이 지난 후인 49세에 렘브란트가 그린 이 그림에서의 아브라함은 아들 이삭을 힘으로 제압하거나 묶어두지 않는 늙고 연약한 아버지의 모습으로 표현됐다. 김진명은 그림 속의 아브라함을 통해 자신의 내면적 감정과 힘과 의지를 이미 묶어놓은 채로 아들의 눈만을 가리고 있는 힘없고 나이 든 아버지의 모습을 만나게 된다고 말한다.[29] 1635년 작품에서는 아브라함의 오른손이 누워있는 이삭의 턱을 강한 힘으로 누르고 있다면, 이 작품에서 아브라함은 이삭의 눈을 가려주면서 이삭의 머리를 자기 몸으로 끌어당긴다. 야위고 연약해 보이는 아브라함의 얼굴과는 대조로 칼을 든 아브라함의 왼손에는 힘이 들어가 있다. 아들에 대한 사랑과 하나님에 대한 사랑이 아브라함의 모습에 드러난다.

아브라함이 죽이려고 하는 이삭은 아브라함에게 어떤 존재였는가? 22장 2절에서 이삭을 수식하는 '너의 아들, 네가 사랑하는 너의 유일한 자'를 통해 이삭이 아브라함에게 얼마나 소중한 존재인지, 아브라함이 이삭을 얼마나 사랑하는지를 알 수 있다. 그런데 아브라함은 그토록 사랑하는 아들을 어떻게 하나님께 드릴 수 있었을까? 필로가 말한 것처럼 아브라함은 하나님에 대한 사랑의 통치를 받아 순종할 수 있었다.[30] 하나님이 번제로 드리라고 한 아들은 사랑하는 외아들이고 하나님의 약속이 보증된 아들이지만 아브라함에게 가장 우선시 되는 대상은 하나님이었다. 아브라함은 오랫동안 자신의 삶을 신실하게 이끌어 오신 하나님을 전적으로 신뢰했기에 순종할 수 있었다. 하나님의 뜻을 따르는 믿음의 길, 순종의 길에는 큰 고통이 따랐다. 많이 사랑하는 만큼 고통도 크지만, 아브라함은 믿음의 순종을 통해 더 깊은 하나님과의 사랑과 구원을 체험하게 되었다.

　모노톤의 이 작품에서는 하늘로부터 내려온 밝은 빛이 화면 중앙의 아브라함을 비추고 있다. 그림에서 하나님의 은혜를 나타내는 요소는 빛과 천사의 모습이다. 천사는 아브라함에게 몸을 밀착시킨 채로 그를 포근히 안고 있다. 천사의 왼쪽 날개는 웅장하고 거대하게 펼쳐져 아브라함을 보호하듯 감싼다. 이 모습은 하나님의 큰 은혜를 상징한다고 해석할 수 있다. 천사의 왼손은 아브라함의 왼쪽 팔을, 오른손은 이삭의 눈을 가리고 있는 아브라함의 오른쪽 손목을 잡고 있다. 천사가 아브라함이 이삭을 죽이려는 순간에 나타나 그를 막은 것이다. 폰 라드는 아브라함에게 바짝 다가와서 꼭 껴안고 있는 천사와 아브라함이 하나의 모양으로 융합된다고 보았다. 더 자세히 보면 천사와 아브라함뿐만 아니라 이삭의 신체까지 아브라함의 오른손에 의해 하나로 연결돼 있고, 아브라함의 손목을 잡은 천사의 오른손이 이삭의 어깨에 닿아있음을 발견하게 된다. 이를 통해 천사와 아브라함과 이삭이 하나로 융합된 친밀한 관계로 해석할 수 있다. 위로부터 사선으로 비스듬히 내려오는 빛은 아브라함의 오른쪽 팔을 붙들고 있는 천사의 손을 비추면서 칼끝과 제단으로 연장되며 아래로 떨어진다. 마치 하나님의 은혜의 빛이 아브라함과 이삭을 죽음과 고통에서 구원해주는 듯 보인다.

　이삭은 아버지 아브라함의 손에 의해 눈이 가려진 채 무릎을 세우고 있는 아브라함의 오른쪽 다리 위에 배를 기댄 채로 허리를 숙이고 있다. 그의 머리는 아버지의 배에 밀착되어 있다. 무릎을 꿇고 있는 이삭의 손과 다리는 결박되지 않고 자유로운 상태이다. 무릎을 꿇은 이삭이 마음으로부터 순종하는 자세로 아버지 품에 안겨 있다고 해석할 수 있다.[31] 이삭의 자발적인 순종을 잘 드러낸 표현이다.

이 그림은 창세기 22장의 내용을 가장 폭넓게 설명해 준다. 번제를 드릴 장소로 일행과 함께 사흘 길을 간 아브라함은 두 종에게 "나귀와 함께 여기에 머물러라"(창세기 22:5)라고 말했다. 렘브란트는 이 판화에서 원경, 중경, 근경으로 인물의 크기에 변화를 주어 표현함으로 아브라함과 이삭이 함께 걸어온 길을 한꺼번에 보여준다. 렘브란트는 저 멀리 아래에서 길을 가는 두 사람을 원경(遠景)으로 보일 듯 말 듯 작게 표현했다. 또 아브라함이 말한 곳에 머물러 있는 종들과 나귀는 중경(中景)에 위치시켰다. 거기에는 안장을 얹은 채로 서 있는 나귀의 뒷모습과 터번을 쓴 한 명의 종이 앉아있는 모습이 보인다.

성경은 창세기 22장 5절에서는 아브라함과 이삭이 나귀와 두 종이 머물던 곳을 떠났고, 6절부터 8절에서는 둘만의 여정을 걸어갔고, 9절에서는 번제를 드릴 장소인 최종 목적지에 도착했다고 기록한다. 렘브란트는 70인역 성서에서 번역한 것처럼 아브라함과 이삭이 도착한 '모리아'를 높은 산으로 묘사하고 있다. 그는 번제 장소에서 일어나는 사건의 묘사를 근경(近景)으로 표현함으로 가장 크게 부각해 강조하고 있다.

이 작품에서 특징적인 것은 아브라함이 왼손에 칼을 들고 있는데 칼의 형태가 이전 작품들(1635년 作, 1636년 作)에서 봤던 곡선의 칼날과 달리 직선으로 쭉 뻗은 칼로 묘사되었다는 점이다. 또한 이 칼은 공중에서 막 떨어지고 있는 순간이 아니라 아브라함의 손에 굳게 잡혀 있는 칼로 표현되었다. 그리고 초기 작품에는 없는 화로가 여기에 등장한다. 바닥에 놓인 화로에서 연기가 몽글몽글 피어오르는 모습은 곧 번제가 행해지리라는 것을 암시해 주며 긴장감을 더한다.

불과 칼과 번제용 나무, 화로는 번제를 떠오르게 하는 요소들이다. 렘브란트는 제사를 위한 이러한 요소들을 이 작품에 적절히 배치했다. 이 작품이 22장 본문의 많은 부분을 표현하고 있음에도 불구하고 성경 본문과 차이가 있다. 9절 하반절에 '아브라함이 거기에 제단을 쌓고 그 나무들을 펼쳐 놓았다. 그리고 그의 아들, 이삭을 묶어 그 제단 나무들 위에 그를 올려놓았다'라고 기록하고 있지만, 렘브란트는 이삭을 자신을 태울 나무들 위에 누워있지도, 심지어 결박되지도 않은 모습으로 묘사했다. 이는 렘브란트의 초기 작품이 문자적인 해석의 반영이라면, 후기 작품은 신앙적 해석을 반영했다고 볼 수 있다. 하나님과의 친밀한 사랑의 관계 속에서 사랑하는 아들을 하나님께 드린 아브라함의 믿음과 이삭의 순종, 하나님의 구원의 은혜가 적극적으로 반영된 그림이라고 할 수 있다.

샤갈: 유대교와 성경의 영향! 만물 속에 깃든 사랑을 깨닫다.

유대인으로 태어난 샤갈은 유대인 전통학교인 헤다르에 다녔고 히브리어와 성경 역사를 배우며 성장했다. 그는 예술가의 길로 가면서 유대적인 요소들[32]을 그의 작품 속에 적극적으로 반영했다. 하시디즘[33]의 문화적, 종교적 전통이 담긴 유대인의 일상적인 신앙생활의 모습은 샤갈의 고향인 비테브스크 마을의 풍경과 함께 작품의 중요한 요소가 되었다. 당시 유대교에서는 전통적인 종교 주제들을 회화로 재현하는 행위를 금지했다. 그런데도 샤갈은 유대교의 우상 파괴주의의 영향에서 벗어나 유대교와 성경의 메시지에 현실과 꿈, 보이는 것과 보이지 않는 것을 뒤섞어 표현했다. 샤갈은 알레고리(은유)와 자신의 조형적인 요소를 담아 형이상학적인 주제를 표현했으며[34] 나이가 들면서 유대교와 기독교를 절충해 신의 영원함과 만인에 대한 신의 자비하심을 추구했다.

샤갈은 성경 삽화와 성경 연작을 거쳐 성당의 스테인드글라스에 이르기까지 수많은 성경적 주제를 그렸으며, 당대의 위대한 현대 미술가로 인정받았다. 메예르 샤피로Meyer Schapiro는 샤갈을 "미술이 성경에 담긴 정신과 내용에 대해 지극히 무관심한 것으로 보이는 시대에 이례적인 존재"라고 평가한다(Daniel Marchesseau, 2007 : 148).

볼라르의 공식적인 의뢰로 샤갈은 성경의 삽화 작업에 몰두하여 1956년에는 105개의 동판화 연작을 완성한다. 작업을 시작하기 전인 1931년, 샤갈은 가족과 함께 팔레스타인 지역인 텔아비브와 예루살렘 성지를 방문하게 된다. 그는 어린 시절부터 동경해 온 조상들의 나라인 유대에 매료된다. "나는 팔레스타인을 보고 싶었고 그 흙을 만지고 싶었다. 카메라도 없이, 심지어 붓조차 없이 나는 어떤 감정을 검증하러 갔다…. 그곳의 경사진 거리를 수 천 년 전에 예수가 걸었다."라고 샤갈은 그때의 감격을 적는다.[35] 그는 이스라엘 땅에서 발견한 신앙의 깨달음에 대한 증거로 구약성경에 나타난 창조주의 메시지를 판화의 선으로 옮겼다. 샤갈은 구아슈 드로잉으로 시각적 구상을 탐구한 후에 그래픽 기법에 담아내고 명암의 균형을 수정하는 방식을 구사했다. 구아슈는 섬세하고 짙은 색조들의 혼합을 주로 사용했고 인물의 권위를 세부 묘사를 통해 강조했다.

샤갈은 예루살렘의 첫 방문과 성경 삽화 작업을 시작으로 보편적 메시지를 담고 있는 성경이라는 모티브를 적극적으로 탐구했다. 샤갈에게 '구약성경'은 영감의 원천이었다. "나는 위대한 보편의 책, 성경에게 갔다. 어린 시절부터 성경은 내게 세계의 운명에 대한 전망을 주었고 내 작품의 영감이 되었다. 회의의 순간에도 성경의 시적인 위엄과 지혜는 제2의 천성처럼 나를 위로해 주었다."(Monica Bohm-Duchen, 2003 : 221) 성경을 주제로 한 샤갈의 서사적 이야기를 담은 작품에는 비극과 환희, 유머가 존재한다.

청년기 이후 성경에 사로잡혔던 샤갈은 성경의 가르침을 예술과 삶에서 따르려고 노력했다고 고백한다. 샤갈은 생애 동안 예술의 의미를 찾으려고 했으며, 그 속에서 직업으로서의 의미뿐만 아니라 더 깊은 의미를 찾았다. "마치 신이 내 앞에 존재하는 것 같았다"라는 그의 고백은 삶과 예술 활동 가운데 함께하시는 하나님의 존재를 의식하고 살았다는 것을 말해준다. "나는 사람들이 이 그림들을 보면서 마음의 평화를 얻고 영적인 깨달음과 종교적인 감정, 인생의 의미를 찾을 수 있도록 이 그림들을 미술관에 걸어두고 싶었다."[36] 샤갈은 자신의 그림을 보는 많은 사람이 그림 속의 색채와 선이 꿈꾸는 우애와 사랑의 이상을 찾고, 자신이 느낀 것처럼 만물에 대한 사랑을 느끼기를 원했다.

인생은 어쩔 수 없이 유한한 것이므로 우리는 살아가는 동안 우리의 사랑과 희망의 색깔로 인생을 채색해 나가야 한다 … 예술과 인생의 완벽함은 성경에서 유래한다. 성경을 근원으로 한 이런 정신적인 부분이 없다면 인생에서나 예술에서 논리적인 구조나 형태의 구성은 아무런 결실을 맺지 못할 것이다. (Daniel Marchesseau, 2007 : 149)

샤갈은 만물 속에 깃든 사랑을 인식하고, 그 사랑이 모든 이데올로기를 통합한다는 사실을 깨달았다. 그래서 샤갈은 20세기 예술가들 가운데서 전혀 타협할 수 없다고 생각되는 것을 조화시킬 수 있는 재능을 가진 사람이라고 평가받는다.[37]

1952년 스테인드 기법을 처음으로 경험한 샤갈은 빛을 이용한 반투명 효과를 보여줄 수 있는 스테인드글라스에도 관심을 가졌다. 1957년 첫 작품이 아시의 성당에 설치되었고, 그의 다양한 시도는 마지막 작품인 코레즈의 사양 소성당으로 이어졌다. 30여 년간 샤갈의 스테인드글라스 작품은 세계 여러 나라의 건물에 설치되었다. 세계적인 명성을 얻은 샤갈에게 교회, 성당, 유대교 회당, 극장, 의료센터, 국회의사당 등으로부터 수많은 작품의 뢰가 들어왔다. 샤갈은 뛰어난 예술을 창조하는 것을 목표로 회화, 조각, 석판화, 도자기, 스테인드글라스, 모자이크, 태피스트리 등에 이르기까지 다양한 표현방식을 시도했다. 사랑과 꿈과 상상의 세계를 폭넓게 펼친 샤갈의 작품은 특정한 종교의 영역에 속하지 않고 많은 사람의 사랑을 받았다.(Ingo F. Walther and Rainer Metzger, 2020 : 86) "진실된 예술은 사랑 안에서만 존재한다."라는 샤갈의 말처럼 그의 작품 속에는 인간의 고통과 사랑, 예술, 창조적 상상력의 힘에 대한 감동적인 믿음이 공존한다.(Monica Bohm-Duchen, 2003 : 330)

　샤갈이 남긴 대표적인 성경 그림에는 「인간 창조」(1959), 「십계명을 들고 있는 모세」(1956년), 「푸른 다윗 왕」(1967), 「하얀 십자가형」(1938), 강기슭에서의 부활(1947) 등이 있다. 그중에 창세기 22장을 주제로 그린 「이삭의 희생」의 1931년(44세) 작품과 1966년(79세) 작품 두 점에 초점을 맞춰보고자 한다.

샤갈이 그린 창세기 22장

샤갈은 이 작품에서 창세기 22장 본문의 내용을 비교적 사실적으로 묘사하고 있다. 제물이 된 이삭은 벌거벗은 몸으로 머리부터 발끝까지 둥글게 휘어진 채 자신을 태울 번제 나무 위에 누워 있다. 이삭의 두 손은 묶여 뒤로 젖혀져 있는데 아브라함이 사랑하는 외아들 이삭을 제물로 드리기 위해 '묶었다'는 성경 본문을 그대로 반영한 것이다. 지금까지 본문을 아브라함의 입장에서 해석해 왔다면 유대교적 해석에서는 본문이 묘사하는 사건의 실제성에 본질적 의미를 두고 해석한다. 그 때문에 하나님과 아브라함, 이삭이라는 세 등장인물 사이에서 일어나는 과정을 중요하게 여긴다.[38] 그래서 유대 전통에서는 아브라함이 이삭을 하나님께 제물로 드리기 위해 '묶었다'고 해서 본문을 '아카드'(עָקַד, 그가 묶었다)의 명사형인 '아케다'(묶음)로 부른다. 유대인들은 아브라함의 신앙뿐만 아니라 '묶임'을 순순히 받아들이고 자신을 바치고자 했던 묶인 '이삭의 순종'에 주목한다.[39] 이런 관점에서 본다면 창세기 22장의 주인공은 더는 아브라함만이 아니며, 아버지 아브라함과 아들 이삭이 함께 진행하는 이야기가 된다. 이런 '아케다'의 정신은 유대교 사상에서 하나님의 뜻에 순종하는 자기희생의 최고의 본보기가 되었으며 순교의 상징이 되었다.[40] 이와 같은 견해를 받아들인 예술가들은 각자의 해석을 자기 작품에 표현했다. 그래서일까? 이 그림에서 죽음을 앞에 둔 이삭의 표정은 자신의 운명을 받아들이기라도 한 듯이 한없이 평화롭게 보인다.

작품에서 아버지 아브라함은 왼손으로는 아들 이삭의 무릎을 잡고, 오른손은 날카로운 칼의 손잡이를 굳게 잡고서 사랑하는 외아들을 죽이려고 한다. 수염을 길게 늘어뜨린 늙은 아브라함은 강인한 모습으로 묘사되었다. 샤갈은 이삭의 몸에 비해 아브라함의 몸을 크게 그리고 손에 들린 칼을 크게 묘사함으로 위압감과 긴장감을 극대화하고 있다. 아브라함이 하나님의 뜻에 순종하여 손을 뻗어 아들을 죽이려고 하는 위기의 순간에 하늘에서 하나님의 천사의 음성이 들린다. 11절에서 "아브라함아! 아브라함아!" 하며 다급하게 두 번이나 부른 것은 상황의 긴박성을 나타내며 천사가 이삭을 죽이려고 하는 아브라함을 막기 위해 재빨리 개입한다는 점을 강조한다. 하나님의 말씀을 전하는 천사는 "너는 그 아이에게 너의 손을 대지 마라. 아무 일도 하지 마라"라고 말한다. '~대지 마라(אַל־תִּשְׁלַח 알 티쉘라)'와 '~하지 마라

샤갈
「아들을 제물로 바치려고 하는 아브라함」
1931(44세), 종이에 구아슈와 유채
62×48.5cm

(אַל־תַּעַשׂ 알 타아시)'는 고든 웬함의 주장처럼 금지의 내용을 교차대구법으로 표현해 금지의 억압적 성격과 기쁨을 모두 강조하고 있다.[41] 아브라함에게 천사의 음성은 하나님께서 말씀하시는 구원의 소리로 들려왔을 것이다. 하나님은 천사를 보내어 아들과 함께 죽음의 고통 가운데 있던 아버지 아브라함을 아들 이삭과 함께 구원하신 것이다.

샤갈은 아브라함을 막으려고 하강하는 천사의 얼굴과 날개를 흰색과 옅은 푸른색으로 표현했다. 천사는 성경에서 하나님의 현존과 신비를 나타낸다. 사람의 얼굴을 한 천사가 성경에서 말하는 것처럼 "아브라함아, 아브라함아" 하며 다급하게 아브라함을 부르는 듯하다. 갑작스러운 천사의 등장에 아브라함은 고개를 들어 놀란 표정으로 천사를 응시하고 있다.

화면 왼쪽 나무 뒤에는 이삭 대신에 제물이 될 숫양이 아주 작게 보인다. 성경은 아브라함이 수풀에 뿔이 걸린 숫양을 보았다고 기록한다. '숫양'의 요소는 이삭을 대신할 대속 제물을 강조하면서 하나님의 은혜를 강조한다. 하나님의 구원은 인간이 생각하지 못한 방법으로 이루어졌다. 아브라함과 이삭을 보고 계셨던 하나님께서는 숫양을 준비해 주시고 아브라함의 눈에 보이게 하셨으며 이삭 대신에 제물로 받으셨다.

이 그림은 평소의 샤갈 화풍이라 여겨지지 않을 정도로 사실적으로 묘사되었으며[42] 렘브란트의 그림에서 차용한 구성과 모티브를 발견하게 된다. 렘브란트의 초기작품과 같이 이삭의 손만 결박되었고, 다리는 묶여있지 않은 모습으로 표현되었다. 렘브란트의 회화와 그래픽 작품을 흠모했던 샤갈은 1932년 네델란드를 방문해 렘브란트의 작품을 감상하고 렘브란트의 생가도 방문했다. 그는 그때의 감동을 다음과 같이 여행기에 기록했다. "렘브란트는 그저 거리에 나가 아무 유대인이나 데려와서 모델로 쓰면 되었다. 사울왕, 예언자. 상인, 거지는 모두 그의 이웃 유대인이었다."[43] 17세기 암스테르담의 유대인의 일상생활을 관찰하고 그림에 옮긴 렘브란트와 같이 유대인이었던 샤갈은 유대인의 삶에 친숙했기 때문에 그들을 모델로 성서 그림을 진실성 있게 그릴 수 있었다. 1930년대와 1940년대의 샤갈의 성경 그림에서 나타나는 인간과 동물의 형상은 중후하고 차분하며 엄숙하게 표현되었다.[44]

샤갈은 창세기 22장을 주제로 79세의 노년기에 「이삭의 희생」(1966년)을 또다시 그렸다. 샤갈은 이 작품을 완성하기 위해 두 해 전부터 여러 번의 습작 과정을 거쳤는데, 이를 통해 샤갈이 얼마나 정교하고 풍부하게 작품을 구상했는지 알 수 있다. 이 작품의 기본 구도와 요소들은 습작들과 같지만, 어떤 색채를 사용할지 작가가 무척이나 고심한 흔적이 습작 과정에 드러난다. 번제용 장작에 누워있는 이삭과 칼을 들고 천사를 바라보는 아브라함,

샤갈 「이삭의 희생」
1966(79세), 캔버스에 유채
230×235cm

아브라함을 막는 천사와 숫양은 앞서 그렸던 그림(*1931년 作*)의 내용과 구도 면에서 거의 유사하다. 그러나 선과 색으로 형태를 구분하는 과거의 그림과는 달리 이 그림에서는 선으로 형태를 표현하고 색은 형태를 벗어나 새로운 공간을 만든다는 점에서 차이가 있다.

샤갈이 그림에서 사용한 색채의 덩어리들은 형체의 정의와는 무관한데 스테인드글라스 디자인을 준비하는 과정에서 영향을 받은 듯하다. 샤갈의 그림에서 화려하고 조화로운 색채는 윤곽을 넘어서서 형체를 뒤덮으며 독특한 내용과 개성을 결정한다. 그는 사실주의적인 의미를 완전히 배제하고, 등장인물에 부여하고자 하는 상징적이고 원형적인 차원을 강조하기 위해 색채를 사용한 것이다.[45] 샤갈에게 있어서 색깔은 공간이며 본질이다. 그것은 모양을 만들고, 윤곽을 넓히고, 형상을 흡수한다.[46] 샤갈은 많은 화가의 작품을 감상했는데 당시 인상파들의 빛과 공간에 대한 탐구를 통해 색채의 마술사가 되었고, 야수파의 강렬한 색채를 자기 것으로 소화했다. 샤갈은 사실주의적 묘사를 경계하면서 공간의 동시성을 표현하는 큐비즘의 구도와 색채분할을 차용하여 자기 작품에 독창적으로 적용했다.[47]

이 그림에서는 크게 다섯 가지 색채의 덩어리를 볼 수 있다. 노란색 부분은 번제용 나무와 이삭의 몸과 그 주위에 채색되었다. 배철현은 노란색이 영적으로 승화된 이삭의 상태를 나타내고, 붉은색은 혼돈의 단계에서 질서의 단계로 나아가는 상태를 의미한다고 해석한다.[48] 붉은색은 이삭의 허벅지와 아브라함과 그 주위로 퍼져 나간다. 파란색 부분은 아브라함을 막는 천사를 중심으로 '사라'와 '십자가를 지고 가는 예수' 주위까지 사선으로 길게 덮고 있으며 갈색과 연결된다. 오른쪽 상단에 어렴풋이 보이는 사람들은 순교자들로 보이는데 그 공간은 갈색과 푸른색으로 채색되었으며 또 다른 천사는 흰색으로 채색되었다. 이러한 색들은 샤갈의 붓놀림에 의해 색채 대비가 조화를 이루며 그림의 인상을 결정한다.

이 그림은 내용적인 측면에서 크게 두 개의 영역으로 나눌 수 있다. 샤갈은 첫 번째 영역에서 창세기 22장의 본문을 테마로 묘사했다. 가지런히 놓여있는 번제용 나무 위에 이삭이 벌거벗은 채로 번제물이 되어 누워있다. 1931년 작품에서는 두 손이 묶여있는 이삭을 표현했다면 여기에서는 더는 묶여있지 않은 모습으로 묘사한다. 신구약 문헌에서는 '아케다'가 전하는 이삭의 순교적 희생을 '하나님의 어린 양'이란 개념으로 살리고 있다. '아케다'와 '골고다'가 전하는 죽음은 희생제물로서의 죽음으로 자신이 죽을 것을 알면서도 그 길을 기꺼이 받아들였던 순교자적인 죽음으로 해석한다. 이 죽음이 바로 유월절 어린 양의 죽음이며 십자가의 대속(代贖) 죽음이다.[49] 샤갈은 순교자적인 죽음이라는 해석의 관점에서 이삭과 십자가를 지고 가는 예수님과 유대인 순교자들의 죽음을 연결하고 있다.

렘브란트의 후기 작품(1655년 作)과 같이 샤갈의 후기 작품(1966년 作)에서도 결박되지 않은 이삭을 묘사함으로 자발적으로 희생제물이 된 이삭의 순종이 강조된다. 또 이삭의 오른쪽 눈은 감고 있고 왼쪽 눈은 뜨고 있는 모습을 볼 수 있는데, 자신에게 맡겨진 운명을 받아들이면서 위기의 순간에 나타난 하나님의 구원 역사를 주시하고 있다고 해석할 수 있다. 이 작품에서는 초기 작품(1931년 作)에 묘사된 아브라함보다 더 노쇠하고 야윈 노인 아브라함이 갑작스러운 천사의 등장에 놀라 입을 벌린 채 천사를 바라보는 모습으로 묘사되었다. 아브라함은 한 손으로 이삭의 다리를 잡고 있고 다른 한 손으로는 칼을 잡고 있다. 그리고 1931년 작품에서 사람의 얼굴을 한 흰색의 천사가 이 작품에서는 푸른색으로 채색된 공간에서 두 손을 가진 사람의 모습으로 표현되었다. 천사는 아브라함을 향해 손을 뻗쳐서 아들을 죽이려고 하는 아브라함을 제지하고 있다. 천사의 왼쪽 아래에는 잎이 무성한 큰 나무 한 그루와 숫양이 작게 보인다.

그런데 이 그림에서 주목해야 할 부분이 있다. 샤갈은 창세기 22장 본문에 등장하지 않는 새로운 요소를 추가해 그렸다. 나무 뒤에서 눈을 크게 뜬 채로 얼굴이 질려 놀란 여인이 등장하는데 아마도 이삭의 어머니 사라인 듯하다. 사랑하는 아들의 죽음을 지켜보는 어머니 사라는 비통한 표정으로 절규하고 있다. 창세기 22장 본문은 아들 이삭을 제물로 바치라는 하나님의 명령에 대해 아브라함이 그의 아내 사라와 의논했다고 기록하지 않는다. 다만 23장에 사라의 죽음을 기록한다. 다수의 학자는 아브라함이 하나님의 뜻을 따르는 데 방해가 되지 않게 하려고 아내 사라에게 말하지 않았을 것이라고 말한다. 유대 전승에 의하면 아브라함이 이삭을 죽이려고 한 것을 나중에 들은 사라가 여섯 차례 소리를 지르고 갑자기 죽었다고 전한다.[50] 이는 23장의 사라의 죽음을 22장의 이삭의 희생 사건과 시차 없이 바로 연결할 때 가정해 볼 수 있는 해석이다. 유대인이었던 샤갈은 유대 전승에 대해 알고 있었을 것이며 사라가 그 이야기를 듣고 충격에 빠졌다고 짐작했을 수도 있다. 그렇게 아들의 죽음을 목격하는 어머니의 고통이 절규하는 여인의 모습을 통해 표현되었다.

    샤갈은 아브라함을 막는 천사 외에 또 한 명의 천사를 그렸다. 화면 상단 왼쪽 모서리 부분에 등장하는 흰색의 천사는 팔과 다리가 있는 사람의 모습을 하고서 한 손에 십자가를 지고 가는 예수님이 계신 방향으로 손을 내밀고 있다. 한 천사는 창세기 22장의 이야기를 이끌고 있고, 다른 하나는 샤갈이 이 그림에 새롭게 도입한 두 번째 영역인 십자가를 지고 가는 예수 그리스도 이야기를 이끌고 있다. 샤갈은 십자가를 지고 가는 예수님과 그 앞에 허리를 숙이고 울고 있는 두 여인을 묘사했다. 이 여인들은 예수의 어머니 마리아와 예수님을 따르던 여인 중 한 명으로 짐작된다.

    샤갈은 1912년부터 십자가를 주제로 한 그림을 그리기 시작했다. 이때는 유대적 요소가 모호하게 은폐되었는데, 1930년대 후반에는 전쟁의 발발로 예수와 유대인을 더 일체화시켰다.[51] 심지어 샤갈은 십자가를 지고 가는 예수, 십자가에 못 박힌 예수, 십자가에서 내려진 예수를 자기 작품에 지속하여 등장시킴으로 고통받는 그리스도와 자신을 동일시한다. 전쟁 중에 그는 예수를 유대인 순교자의 상징으로 그렸는데 유대인 대학살 전후에 많은 예술가[52] 또한 예수를 첫 유대인 순교자로 묘사했으며, 유럽의 유대인들을 예수의 현대적 재현으로 묘사했다. 그들은 그리스도의 고통에 현대적 의미를 반영해 고통받는 인간의 모습을 표현했다.[53] 즉, 시대적 상황과 작품을 연관시킨 것이다. 샤갈이 그린 그리스도 수난 연작 가운데 최초의 작품인 「백색의 그리스도 수난도」(1938)에서 십자가에 못 박힌 예수의 주변에 배치된 인물들에 특정한 역사적 사건들[54]을 반영하여 유대인에 대한 배척을 그렸다. 다니엘 마르슈소는 샤갈이 유대인인 자신을 순교자로서 나사렛 예수와 동일시했으며 악마와 투쟁하는 전 인류를 상징하고 있다고 해석한다.[55] 샤갈은 전 유럽을 뒤흔드는 전쟁 속에서 고통스러운 현실을 겪고 있는 인간의 절망과 고통을 작품에 담았다. 샤갈이 겪었던 1, 2차 세계대전이라는 전쟁과 혁명의 시대적 상황은 샤갈의 삶과 예술을 결정했다. 샤갈이 1940년대 미국 시절의 작품에서도 십자가의 그리스도를 유럽의 고통받는 그리스도인이나 고통받는 자신으로 동일시한다는 사실이 그의 시에도 잘 나타난다. (Monica Bohm-Duchen, 2003 : 243~245)

밤낮으로 나는 십자가를 짊어진다.
나는 이리저리 떠밀리고 부대낀다.
벌써 밤이 나를 둘러싼다.
당신은 나를 버리시나이까, 주여 왜인가요?

1950년대 이후에 샤갈이 그린 그림에서는 정통 유대교의 전통과 러시아의 민속, 대학살에 연관된 요소는 거의 사라졌다. 그리고 자신의 일상적인 경험과 기독교 신앙이 주된 모티브로 자리한다.[56] 이때 등장하는 예수님은 유대 예언자나 순교자로 간주할 수 있다.

1955년부터 1966년까지 10여 년 동안 성경을 주제로 구아슈와 에칭을 사용해 그린 샤갈의 유화 작품은 이전의 구약성경 작품보다 더 복잡하고 은유적으로 바뀌었다. 이에 대해 모니카 봄-두첸은 2차 세계대전과 샤갈의 예술적 성숙이 가져다준 영향 때문이라고 분석한다. 또 그는 이 유화 작품들이 신과 유대 민족의 친밀한 관계를 강조하고 부각시키는 장면들을 주제로 삼고 있는데, 주제에 대한 끊임없는 변주로서 다양한 기법을 동원함으로 샤갈의 손과 눈이 직관적인 움직임을 취하면서도 철저한 내적 논리로써 최종적인 구성을 얻는다는 것을 보여준다고 말한다.[57]

이 그림에서 십자가를 지고 가는 예수님 옆에는 토라처럼 보이는 책을 팔에 끼고 있는 유대인 랍비가 서 있다. 그 앞에는 어린 아기를 안고 있는 여인이 고개를 들어 하늘을 바라보고 있다. 또 십자가를 지신 예수님 뒤에는 두 팔을 올리고 춤을 추는 듯이 보이는 여인이 있다. 이 여인은 예수님의 부활을 기뻐하는 막달라 마리아로 해석된다. 화면 우측 상단에는 순교한 사람들로 보이는 많은 사람이 작고 희미하게 표현되었다. 샤갈은 예수 수난 장면과 순교자들을 같은 공간 안에 둠으로 그들을 순교자의 지위로 끌어올린다.

샤갈은 구약의 이야기와 신약의 이야기, 그리고 자신이 경험한 그 시대의 이야기를 시간의 흐름에 따라 하나의 화면 속에 전개했다. 왼쪽에서 오른쪽으로, 아래에서 위로, 사선 방향으로 이야기가 진행된다. 서로 이질적인 것처럼 보이는 이야기와 장면들을 한데 모은 이 작품의 서사적인 구성은 샤갈이 젊은 시절에 보았던 러시아 정교회의 이콘을 연상케 한다.[58] 현재와 과거의 총체적인 이미지가 그의 작품 안에 공존한다. 샤갈은 구약성서에 기록된 이삭의 희생 사건을 신약의 예수의 십자가 사건과 동일시하며, 자신이 경험한 20세기의 사건과도 연결시키고 있다. 샤갈은 화면에 그 모든 이야기를 조직적으로 표현한 것이다.

렘브란트와 샤갈이 전한 성경적 메시지
렘브란트와 샤갈이 성경 그림을 그릴 수 있었던 배경은 그들이 성경을 읽고 연구하고 사랑했기 때문이다. 성경은 영감의 원천이요, 그들의 삶과 예술을 이끌어가는 원동력이 되었다. 그들은 성경의 내용을 그리는 것을 하나님께서 주신 소명으로 여기고 지속해 연구하고 작품 활동에 매진했다.

렘브란트와 샤갈이 주목했던 창세기 22장 본문은 그들 각자의 신앙과 삶의 배경 속에서 이해되고 해석되어 작품에 반영되었다. 그들의 작품들 「이삭의 희생」의 도상학적인 분석을 통해 성경의 메시지를 발견할 수 있다.

첫째, 그림에 묘사된 천사와 숫양과 빛의 요소는 구원하시는 하나님의 은혜를 보여준다. 천사가 등장하여 아브라함에게 손을 뻗거나 아브라함의 손목을 잡고 있는 모습이야말로 아들을 죽이려는 아브라함과 죽을 처지에 놓인 이삭에게 구원으로 다가왔을 것이다. 특히 렘브란트의 1655년 작품에서는 천사가 거대한 날개를 펼치고 아브라함의 몸을 다정하게 안고 있는데 아브라함과 이삭을 보호하시는 하나님의 은혜를 보여준다. 천사의 날개와 하늘에서 내려오는 빛은 연약한 인생을 보고 계시는 하나님의 구원의 은혜로 해석할 수 있다. 샤갈의 두 작품에 동일하게 등장하는 '숫양' 또한 하나님께서 이삭 대신에 준비하신 것으로 아브라함과 이삭을 보고 계시는 하나님의 예비하심과 은혜를 강조한다.

둘째, 그림에 표현된 아브라함의 모습을 통해 하나님을 향한 아브라함의 믿음을 보여준다. 사랑하는 아들을 죽여야 하는 고통 가운데 있는 아브라함은 노쇠하고 왜소한 모습으로 렘브란트와 샤갈의 후기 작품(1655년, 1966년)에 표현되었다. 아들보다 더 사랑하는 하나님의 뜻을 따르기 위해 순종하는 아브라함의 믿음은 렘브란트와 샤갈의 초기 작품에서 칼을 굳게 잡고 있는 강인한 아브라함의 모습으로 묘사되었다. 인간으로는 도저히 감당하기 어려운 시험 앞에서 아브라함이 하나님의 뜻에 순종할 수 있었던 것은 긴 인생의 여정 가운데서 언제나 함께하셨던 하나님에 대한 온전한 신뢰와 사랑이 있었기 때문이다.

셋째, 그림에는 이삭이 청년으로 묘사되었고 묶이거나 그렇지 않은 상태로 표현되었는데, 이런 이삭의 모습을 통해 아버지의 뜻에 순종했던 이삭의 순종을 부각한다. 렘브란트와 샤갈의 초기 작품에서는 성경 본문을 반영해 두 손이 묶인 이삭을 표현했고, 후기 작품에서는 결박되지 않은 자유로운 상태의 이삭을 표현했다. 자신을 죽이려는 아버지를 거부할 수 있을 만큼 장성한 이삭을 묶여있지 않은 모습으로 표현한 이유는 렘브란트와 샤갈이 후기로 갈수록 이삭의 자발적인 순종을 더욱 강조하고자 했기 때문이다.

렘브란트와 샤갈의 작품 속에 묘사된 시각적인 다양한 요소들은 성경의 내용을 더 구체화하고 생동감 있게 표현하고 있다. 이를 통해 본문을 더욱 풍성하고 생동감 있게 읽고 해석할 수 있었으며 본문이 말하고자 하는 의미와 메시지를 파악할 수 있었다. 하나님의 명령에 믿음으로 순종한 아브라함과 아버지의 뜻에 따라 자신을 죽음의 자리에 기꺼이 내어주고 순종한 이삭에게 하나님의 놀라운 구원의 역사가 펼쳐졌다. 그리고 이들은 하나님을 더 깊이 경험하게 되었다.

특별히 샤갈의 1966년 작품에 묘사된 '십자가를 지고 가는 예수 그리스도'는 현대 사회에 특별한 메시지를 던진다. 샤갈은 창세기 22장의 희생제물이 된 이삭을 십자가를 지고 가는 예수 그리스도와 연결하고 있고, 전쟁과 유대인 박해라는 고통스러운 현실 속에서 순교한 많은 이들과도 연결했다. 여기서 우리는 예수 그리스도를 순교의 모델을 넘어 모든 인류의 죄를 지고 돌아가신 대속의 주, 구원의 주로 이해할 수 있다. 인간의 죄악이 만연하고 안전과 평화가 보장되지 않는 21세기를 살아가는 우리에게도 여전히 예수 그리스도가 베푸신 구원의 은혜가 날마다 절실히 필요하다. 연약한 우리를 긍휼히 여기시는 하나님의 시선으로 사람을 바라보고 사랑하며, 하나님의 뜻을 따라 자기 십자가를 지고 소명의 길로 담대히 걸어가자. 하나님의 은혜의 빛이 그 길을 밝게 비춰 주시고 우리를 인도하실 것이다.

06

서현주

| 미술사가

홍익대학교 대학원 미술사학과에서 서양미술사로 석사와 박사를 졸업했고, 홍익대학교와 경인교육대학교, 아신대학교 등에서 강의했다. 박사논문으로 「윌리엄 홀먼 헌트(William Holman Hunt, 1827~1910)의 종교화와 성지순례의 영향」이 있고, 공저인 『종교개혁과 미술』(2011)에 「크라나흐, 개혁의 현장을 캔버스에 옮긴 화가(1497~1543)」가 실렸으며, 공동 번역서로 『천년의 그림 여행』(2005)이 있다. 기독교 주제의 작품에 관심을 두고 연구를 계속하고 있다.

윌리엄 홀먼 헌트
: 세상을 비추는 종교화를 추구한 화가

진실된 종교화를 소망하며

우리가 흔히 아는 라파엘로가 그린 그리스도가 실제 모습일까? 르네상스나 바로크의 대가들이 그린 종교화를 보면서 현대의 사람들이 신앙적 감흥을 느낄 수 있을까? 우리 시대를 사는 사람들이 실제처럼 느끼고 공감하는 예수 그리스도를 그린 종교화는 어떤 모습일까?

이러한 질문과 고민을 하며 새로운 종교화 제작에 평생 헌신한 화가로 윌리엄 홀먼 헌트William Holman Hunt, 1827~1910를 손꼽을 수 있다. 오늘날 그는 19세기 중반 영국에서 등장한 라파엘전파의 화가로 알려져 있다. 그러나 생애 말기에 헌트는 영국을 대표하는 종교 화가로서 명성이 더 높았다.[1] 화가의 개성과 재능으로 승부를 겨뤄야 했던 19세기 미술시장에서 그의 종교화는 어떤 호소력을 지녔던 걸까.

그는 종교적 회심을 하면서 예술을 그리스도에 대한 봉사로 생각했다. 그렇기에 그는 자신의 시대에 어울리고 동시대인들에게 감동을 줄 수 있는 프로테스탄트 종교화를 그리고 싶어 했다. 그러한 열망은 그를 예수의 삶이 펼쳐졌던 성경의 땅(Holy Land)으로 데려갔다. 그는 위험이 도사린 성지여행을 네 번이나 하면서 자신만의 종교화를 개척할 만큼 집념과 열의가 대단했다.

헌트의 이러한 종교화에 대한 사명감과 열정의 출발이 된 작품은 「세상의 빛」이다. 이 그림은 화가로서의 소명이 담긴 첫 종교화이면서 향후 그의 예술의 방향을 제시한 이정표와 같다고 할 수 있다. 화가로 입문한 초창기부터 미술에 잠재된 도덕적 힘을 신뢰한 헌트가 종교화에 기대한 사회적 역할이나 효과가 무엇인지, 그의 종교화의 토대와 특성이 무엇인지를 「세상의 빛」과 전반기 작업을 통해 알아보고자 한다.

창고지기의 아들에서 왕립미술원의 화가로

헌트가 화가들의 엘리트 코스인 왕립미술원(Royal Academy of Arts)의 학생이 되기까지 그다지 순탄하지는 않았다. 그는 어려서부터 체계적인 미술교육을 받지 못한 탓에 거의 독학으로 왕립미술원에 입성했다. 일찍이 화가를 꿈꾸던 소년 헌트는 아버지의 반대에 부딪혀 진로를 바꿔야 했다. 런던의 작은 잡화제조사의 창고관리인이었던 아버지는 헌트 열두 살 때 그의 학업을 중단시키고, 한 회사의 창고관리 보조로 들여보내려 했다.[2] 헌트는 이를 뿌리치는 대신 부동산 중개인인 제임스 라브람 James Labram 의 조수가 되었다. 헌트는 그의 재능을 알아본 라브람의 권유로 유화를 처음 접하게 되면서 기초부터 그림을 배우기로 결심한다. 그는 기계공 학원의 저녁반 수업에서 드로잉을 익혔고, 초상화가인 헨리 로저스 Henry Rogers 의 주별 수업을 들었다.

이후 런던의 한 인쇄소로 자리를 옮긴 헌트는 점원으로 일하면서 틈틈이 그림 실력을 연마했다. 1843년에 과일 행상인을 그린 「늙은 한나」가 호평을 받자, 당시 16세였던 헌트는 화가의 길에 대한 확신이 생겼다. 이때부터 그는 대영박물관과 국립미술관의 작품들을 모방하면서 왕립미술원의 입학을 준비했다. 1884년, 세 번의 도전 끝에 비로소 왕립미술원의 학생이 되었다.

공허한 이상 대신 자연의 진실을 외치며

영국의 가장 권위 있는 미술교육 기관인 왕립미술원은 새로움을 추구하는 젊은 예술가들의 기대를 충족시켜 주지 못했다. 당시 프랑스 파리에선 구스타브 쿠르베 Gustave Courbet, 1819~1877 를 중심으로 눈에 보이는 현실을 있는 그대로 옮기는 사실주의가 신 미술로 떠오르고 있었다. 반면 영국 화단을 지배한 왕립미술원은 옛 대가를 모방한 '장대한 스타일(Grand style)'을 전통으로

답습했다. 이 양식은 사람과 사물을 실제 모습처럼 보여주는 것이 아니라 단점과 기이함을 수정해 가장 고상한 방식으로 보여주는 것이었다. 이는 이상의 개념에 바탕을 둔 것으로 최고의 모범은 라파엘로였다.[3] 이 방식을 충실히 따른 찰스 로크 이스트레이크 경Sir Charles Locke Eastlake, 1836~1906의 「하갈과 이스마엘」은 좋은 예가 된다. 한쪽 손을 머리에 댄 채 허공을 바라보는 여인은 낙심한 듯 보이지만 절제된 표정을 짓고 있다. 절제된 표정의 여인은 흠이 없는 이상적인 모습이며 색채도 붓자국이 드러나지 않게 매끈하고 조화롭게 처리돼 있다.

찰스 로크 이스트레이크 「하갈과 이스마엘」
1830, 패널에 유채, 58×51cm
영국 왕립 미술원, 런던

왕립미술원의 이러한 정형화된 화풍에 반발하여 1848년 9월에 라파엘 전파 형제회(Pre-Raphaelite Brotherhood)가 등장했다. 헌트와 존 에버릿 밀레이John Everett Millais, 1829~1896, 단테 가브리엘 로제티Dante Gabriel Rossetti, 1828~1882가 그룹의 활동을 주도했고, 왕립미술원의 젊은 화가들이 주로 참여했다.[4] 이들은

에버릿 밀레이 「부모의 집에 있는 예수」
1849~1850, 캔버스에 유채, 86.4×139.7cm, 테이트 갤러리, 런던

라파엘로 이전의 초기 르네상스 화가들의 소박하고 고졸한 화풍에 매혹되었다.[5] 여기서 라파엘전파라는 명칭이 유래했다.

라파엘전파의 그림은 햇볕 아래서 관찰한 듯한 선명한 색채와 흠도 드러내는 정밀한 세부 묘사, 이상화되지 않은 초상적 인물 표현으로 신선함을 선사했다. 이러한 화면은 처음에 우호적인 평가를 받았으나 곧 적대적인 분위기로 바뀌었다. 이들의 종교화가 관례에서 많이 벗어났기 때문이다. 특히 밀레이의 「부모의 집에 있는 예수」는 성 가족을 하층민으로 표현해 심한 공격을 받았다. 햇볕에 그을리고 핏줄이 도드라진 성 요셉의 팔은 전형적인 노동계급의 모습이었기 때문에 불경하게 여겨졌다. 배경은 런던의 실제 목공소였고, 모델로 삼은 인물들도 화가의 가족이나 친구들이었다.

로제티의 「성모의 소녀 시절」은 두광으로 성가족의 신성함을 표현하고

단테 가브리엘 로제티 「성모의 소녀시절」
1828~1882, 캔버스에 유채, 83.2×65.4cm,
테이트 갤러리, 런던

찰스 앨스턴 콜린스 「수녀원의 사색」
1850~1851, 캔버스에 유채, 84×59cm,
아쉬몰리안 박물관, 옥스퍼드

있지만, 성가족 인물들은 평범한 인간으로 보인다. 어머니로부터 수놓는 법을 익히고 있는 성처녀의 모습은 당대 중산층 가정에서 선호된 조신한 소녀 교육과 연상되어 대중에게 무난히 받아들여졌다.[6]

찰스 앨스턴 콜린스Charles Allston Collins, 1828~1873의 「수녀원의 사색」은 선명한 색채와 사실적인 세부 묘사의 라파엘전파 화법을 잘 드러낸다. 수련이 피어 있는 정원의 연못가에 서 있는 수녀는 십자가 처형 장면이 그려진 성경을 들고 순결의 상징인 백합 앞에서 묵상하고 있다. 사실적인 묘사와 기독교 상징주의가 결합되어 당시 영국에서 유행한 고딕 부활의 요소를 보여준다.

헌트도 생생한 색채와 사실적 묘사의 라파엘전파 화법을 초기의 종교적 주제의 작품들에 충실히 적용했다. 「드루이드 교도들의 박해로부터 부상당한 기독교 선교사를 숨겨주는 개종한 영국인 가정」, 「고용된 양치기」, 「우리의 영국 해안, 1852년 *(길 잃은 양)*」가 그런 그림들이다.

「드루이드 교도들의 박해로부터 부상당한 기독교 선교사를 숨겨주는 개종한 영국인 가정」은 영국에 기독교가 전해진 초기 기독교 시기를 다룬 작품이다. 프레스코화 같은 맑고 밝은 색채와 동료 화가를 모델로 그린 인물의 초상적 특징을 보여준다.[7] 개종한 영국인 가정이 드루이드교도들의 박해로 부상당한 기독교 선교사를 숨겨주고 치료하는 자비를 실천하고 있다. 푸른색 옷을 입은 중년 여인의 부축을 받는 선교사의 모습은 십자가에서 내려지는 그리스도를 연상시킨다. 그 옆에서 접시 물에 스펀지를 적시는 여인은 십자가 처형에서 로마 병사가 쉰 포도주를 묻힌 스펀지로 그리스도의 갈증을

윌리엄 홀먼 헌트
「드루이드 교도들의 박해로부터 기독교 선교사를 숨겨주는 개종한 영국인 가정」
1850, 캔버스에 유채, 111.1×139.1cm, 아쉬몰리안 박물관, 옥스퍼드

풀어준 것을 상기시킨다. 왼편의 소녀가 허리 숙여 선교사의 발에 난 상처에 서 치우는 가시나무 가지는 예수의 수난을 상징하는 사물이다. 그 뒤쪽에서 털옷 입은 소년이 포도주를 잔에 받는 것은 그리스도의 희생을 기념하는 성 찬식이 곧 거행될 것을 암시한다. 뒤편의 붉은 십자가가 새겨진 돌판과 그 밑의 받침대에 켜져 있는 램프는 제단 역할을 하면서 성찬식의 의미를 뒷받침한다. 전경의 강물과 붉은 용기에 담긴 맑은 물은 세례와 연관된다.[8]

그림에서 부각된 성찬식과 세례, 선교사의 붉은색 옷은 당시 영국에서 큰 논란을 일으킨 가톨릭의 의례와 복식을 복원하려는 움직임과 관련된 것으로 의심되었다.[9] 예기치 않은 비평계의 반응에 억울했던 헌트는 초기 기독교 시기에 있을 법한 사건을 고고학적으로 정확하게 재현하려는 의도였다고 항변하였다.[10]

영국의 시골 풍경을 배경으로 한 「고용된 양치기」와 「우리의 영국 해안, 1852년(길 잃은 양)」도 야외의 햇빛에서 포착한 생생한 색채 효과와 자연의 세밀한 세부 묘사가 눈길을 끈다. 두 작품은 서로 연결되는데, 「고용된 양치기」의 남녀 인물 뒤쪽에 방치된 양들을 영국의 해안 절벽에 흩어져 있는 모습으로 옮겨 놓은 것이 「우리의 영국 해안, 1852년(길 잃은 양)」이다. 장르화나 풍경화로 보이는 두 작품은 내용상으로 당대 영국의 종교적, 정치적, 사회적 상황을 암시적으로 전하고 있다. 「고용된 양치기」는 양을 돌보는 책무를 팽개치고 애정 행각에 빠진 남녀 양치기를 통해 태만과 게으름, 성적유혹의 위험성을 경고한다. 양치기들의 부주의로 오른쪽 멀리 양 한 마리가 밀밭에 다가가고 있어 작물과 양 모두 위태로운 상황이다. 그리고 여인의 무릎에 있는 어린 양은 해로운 풋사과를 먹는 위험에 처해 있다. 나태한 양치기는 당시 소모적인 종교적 논쟁에 몰두하느라 신도들을 인도하는 본분

윌리엄 홀먼 헌트 「고용된 양치기」
1851, 캔버스에 유채, 75.8×109.5cm, 맨체스터 미술관, 맨체스터

윌리엄 홀먼 헌트 「우리의 영국 해안, 1852(길잃은양)」
1852, 캔버스에 유채, 43.5×58.6cm, 테이트 갤러리, 런던

을 저버린 성직자들과 겹친다.[11] 남자 양치기의 허리춤에 있는 술통과 밀착된 남녀의 모습은 영국 농촌 사회에서 만연한 가난과 음주, 성적 타락의 부도덕함을 암시하는 것으로 해석되기도 한다.[12]

「우리의 영국 해안, 1852년(길 잃은 양)」은 해안의 비탈진 언덕에 양 떼들이 자유롭게 방목된 평화로운 풍경이지만, 바위와 풀로 이뤄진 비탈 가까이 양들이 모여 있어 위태로움을 자아낸다. 제목에 있는 1852년은 영국에서 프랑스의 침공 가능성으로 위기감이 고조된 때로, 비탈진 해안 언덕에 방치된 양들의 위태로운 모습은 영국의 허술한 해안경비 상황을 보여주는 것으로 볼 수 있다.[13] 그러나 정세가 바뀌어 전쟁의 위험성이 누그러졌고, 작품은 '길 잃은 양'이란 바뀐 제목으로 1855년 파리 만국박람회에 출품되면서 종교적 의미를 지니게 되었다.[14] 당시 교리적 다툼으로 분열된 영국 종교계의 상황과 연결하여 그림을 보면, 벼랑 위의 양들은 성직자들의 헛된 논쟁으로 방치된 신자들을 암시한다.

헌트의 이러한 초기 종교화들은 이중의 의미로 해석되고 종교적 내용도 암시적, 은유적으로 전달하는 특징을 지닌다. 이는 헌트가 종교적 주제를 신앙적 측면에서 접근하기보다 주변 사회에 관한 관심과 회화적 실험의 측면에서 다뤘기 때문이다. 진실된 미술을 추구한 헌트와 라파엘전파 동료들은 종교화가 지닌 순수한 정신과 수준 높은 상징성에 이끌렸다. 그들은 종교적 주제에서 이상보다 현실의 자연적 모습을 충실하게 묘사하며 형식적 표현 효과를 실험했다. 그러한 시도는 평단과 대중의 따가운 편견과 비난의 벽에 부딪혔다.

러스킨의 미학과 지지에 힘입어

따가운 시선을 받던 라파엘전파를 옹호하고 후견인 역할을 한 사람은 당대 영국 미술계에서 비평가로 영향력이 컸던 존 러스킨 John Ruskin, 1819~1900이었다. 그는 라파엘전파의 자연에 대한 진실과 미술의 도덕적 역할을 중시하는 개념에 영향을 주었다. 러스킨은 미술 제작이 단순히 그림을 생산하는 일 이상으로 중요한 활동이고, 선과 악의 가능성을 지니고 있기에 무한한 도덕적 힘의 도구가 될 수 있다고 주장했다.[15] 생생한 감동을 줄 수 있는 미술에 대해 고민하던 헌트는 1847년 러스킨의 『근대의 화가들 Modern Painters』 제2권을 읽으면서 미술의 도덕적 역할에 대해 강한 확신을 얻었다.[16] 이러한 신념은 그의 종교적 회심으로 더욱 확고해졌다. 반면, 밀레이나 로제티 등의 동료 화가들은 평단의 신랄한 공격에 실망해 각자 다른 지향점을 취했다. 밀레이는 종교화 제작을 그만뒀고, 로제티는 문학과 신화의 주제로 전향하면서 자연의 충실한 재현보다 주관적인 화면으로 나아갔다. 헌트만이 자연에 대한 진실이라는 원칙을 충실히 지키며 종교화에 깊이 몰입했다.

소명을 깨닫고:「세상의 빛」

「세상의 빛」은 헌트의 신앙적 체험과 소명이 담긴 그의 진정한 첫 종교화이다. 앞에서 살펴본 초기의 종교적 주제의 작품들은 신앙적 측면보다 사회적 관심에서 영국의 종교적 상황이나 사건을 다뤘다. 반면 「세상의 빛」은 부활한 그리스도만을 단독으로 등장시켜 감상자가 직접 그리스도를 마주하게 한다. 그래서 이콘 Icon과 같은 순수 종교화의 특성을 보인다.

어두운 밤에 그리스도가 등불을 들고 닫힌 문을 두드리고 있다. 그의 머리 뒤에 떠 있는 보름달은 후광처럼 빛난다. 가시관을 쓴 그리스도는 흰

윌리엄 홀먼 헌트 「세상의 빛」
1851~1852, 캔버스에 유채, 122×60.5cm
키블 컬리지, 와든 앤 펠로우즈, 옥스퍼드

색의 긴 로브 차림에 맨발로 서 있다. 단순한 옷에 비해 망토는 보석과 금장으로 장식되어 화려해 보인다. 잡초가 웃자라고 지붕에 담쟁이가 무성한 문은 오래 방치된 듯 굳게 닫혀있다.

헌트는 관람자가 그림을 쉽게 이해할 수 있도록 프레임에 제목과 성경 구절을 써 놓았다. 맨 위에 적힌 '세상의 빛'은 요한복음 8장 12절에 나오는 문구이다. 그림틀의 좌우와 밑단에는 요한계시록 3장 20절의 내용인 "들을 지어다 내가 문밖에서 두드리노니, 내 목소리를 듣고 문을 열면, 내가 그에게 들어가서 그와 함께 거하고 그는 나와 함께 거하리로다"가 새겨져 있다.

이 말씀을 읽을 때 경험한 신비한 일로 헌트는 종교적 회심을 하고, 이 작품을 구상했다. 그가 1883년 8월 19일에 화가이자 시인인 윌리엄 벨 스콧William Bell Scott, 1811~1890에게 보낸 편지에서 이때의 상황과 그리게 된 동기를 밝혔다.

"단순히 좋은 주제여서가 아니라 신의 명령에 의한 것이라고 생각한 것을 그림으로 그렸다. 내가 성경책을 읽고 있던 중, '들을지어다…'란 말씀이 떠올랐을 때, 문에서 기다리는 그리스도 인물이 나에게 나타나 점점 더 분명한 의미로 다가왔는데, 논리적으로 풍부하게, 밤에(매일 밤) 기다리고 있으며, 새벽녘에 꺼질 염려가 없는 불이 안에 들어 있는 랜턴을 들고, 가시가 달린 왕관을 머리에 쓰고 있다. 기독교 시대의 것이 아닌 성직자의 로브를 걸치고, 무시와 눈이 먼 세상에서, 당신은 그것이 감정적 회심이었다고 말할 것이다…" 17)

헌트의 설명대로 이 작품은 그리스도의 환영을 경험한 그의 신앙적 고백이다.18) 그는 자신의 삶과 예술에서 중요한 전환이 된 강렬한 사건을 새로운 요소로 형상화하고 있다. '영혼의 문을 두드리는 그리스도'는 19세기의 새로운 도상이다. 헌트는 이를 성경 구절에서 영감을 받았다고 했으나, 비슷한 유형의 판화가 런던에서 유통되어 이미 존재했던 것으로 보인다.19)

필리프 바이트를 모방한 고트프리드 리스트
「영혼의 문을 두드리는 그리스도」
동판화, 26.9×17cm, 슈테델쉬 쿤스트인스티튜트

「세상의 빛」 세부 _ '등불'

    이 그림에는 종교화의 특징인 사물에 정교한 상징의미가 숨겨져 있다. 그가 몸에 지닌 왕관과 망토, 손바닥의 못 자국과 가시관은 그의 직분, 즉 왕이자 제사장이며 구원자임을 나타내는 상징물이다. 망토의 버클을 구성하고 있는 원형은 이교적인 성직자를, 다섯 개의 붉은 보석으로 된 십자가 형태는 십자가 처형과 오상을, 열두 개의 보석이 박힌 직사각형은 이스라엘 민족을 나타낸다. 이는 출애굽기 28장 15~24절에서 묘사된 제사장 아론을 위해 만들어진 판결 흉패를 나타낸다.[20] 하나님의 뜻을 분별하고 순종하는 그리스도의 십자가 희생으로 이교도, 기독교, 유대인을 포함한 세계 만민이 하나 되고 구원된다는 것으로 해석할 수 있다.

    왕관에 엮인 가시나무 가지 끝에 돋아난 새순은 그리스도의 희생을 통한 구원의 희망을 나타낸다. 구원의 메시지는 그리스도가 들고 있는 등불로 더

「세상의 빛」 세부 _ '왕관에 엮여있는 가시나무'

욱 강조된다. 일곱 개의 면으로 된 등불의 형태는 헌트가 직접 설계한 것으로 요한계시록 1장 19~20절에서 7개의 황금 촛대로 등장하는 일곱 교회를 가리킨다. 이는 '하나의 진정한 교회'라는 이상적 교회에 대한 화가의 믿음으로 여길 수 있다.[21]

닫힌 문과 함께 그리스도 주변에 떨어진 사과, 웃자란 잡초, 방치된 과수원, 문 처마에 매달린 박쥐 등은 그리스도를 모르는 황폐한 인간의 상태를 상징하는 메타포들이다. 그리고 문에는 밖에서 열 수 있는 문고리가 없다. 즉, 안에서 열어야 하는 문이다. 이는 그리스도가 인간의 마음에 찾아와 문을 두드리지만 정작 그 문을 여는 것은 인간 내면의 의지이고, 그리스도의 구원이 먼저이지만 그를 받아들이고 변화되는 것은 인간의 선택임을 나타낸다.

• 그림의 효과와 「깨어나는 양심」

여기서 「세상의 빛」의 닫힌 문이 열릴 수 있을지 궁금해진다. 그 결과는 팬던트로 제작된 「깨어나는 양심」에서 여인의 반응으로 설명된다. 그리스도가 영혼의 문을 두드리는 소리에 남자의 품에 안겨있던 여인은 각성하듯 일어서고 있다. 그녀는 손가락마다 반지를 끼고 있으나 정작 결혼반지를 끼는 손가락에는 아무것도 하고 있지 않다. 이는 그녀가 결혼하지 않았다는 것을 알려준다.[22] 탁자에 놓인 모자로 보아 남자가 여인을 방문하고 있음을 짐작할 수 있다. 여인은 중산층 남성의 정부로서 비도덕적 행위로 사회적 비난을 받는 죄인의 표상이라고 할 수 있다.[23] 빅토리아 사회에서 가난한 여성들은 부유한 중산층의 정부가 되거나 거리의 매춘부가 되는 위험에 쉽게 노출되었다.[24] 간통, 매춘 등의 성적 타락은 건강한 가정과 사회의 도덕을 위협하는 사회적 문제였다.

타락한 여인을 통해 당시 사회문제를 암시하는 「깨어나는 양심」은 죄에 빠진 여인의 각성을 촉구하는 의미도 담겼다고 볼 수 있다. 그림의 프레임 장식은 이를 뒷받침한다. 마리골드는 슬픔의 엠블럼이며 종은 경고의 의미를, 맨 위의 별은 정신적 구원을 상징하는 모티프이다.[25] 이는 영혼을 경계하고 타락한 삶의 슬픔에서 깨어나 정신적, 종교적 구원으로 여인이 들어서게 됨을 암시한다. 또한 정원에 밝게 비친 빛은 전통적으로 신의 구원을 상징하는 것으로 그 빛이 방 안으로 들어와 여인을 감싸면서 종교적 구원의 길로 나아가게 됨을 드러낸다. 빛에 의한 구원의 암시는 「세상의 빛」과 연결되어, 「세상의 빛」과 「깨어나는 양심」을 통한 그림의 사회적 영향력을 생각하게 된다. 헌트도 「세상의 빛」과 연결해 「깨어나는 양심」에 대해 "나의 소

월리엄 홀먼 헌트 「깨어나는 양심」
1853~1854, 캔버스에 유채, 76.5×55.9cm
테이트 갤러리, 런던

망은 인생의 소란 속에서 고요하고 작은 목소리가 인간 영혼에 어떻게 말할 수 있는가를 보여주는 것이었다."라고 설명했다.[26]

두 작품이 지닌 죄인과 구원의 관계는 보편적인 의미로 확장된다. 그리스도의 노크는 그림을 감상하는 관람자의 마음으로도 향한다. 그림을 볼 때 바로 눈앞에 환영처럼 나타난 그리스도와 정면으로 마주하게 되어, 관람자는 저마다의 울림으로 반응할 것이다.

그림을 이해하고 강렬한 종교적 감정에 공감을 나타낸 첫 관람자는 러스킨이었다. 처음에 냉담했던 평단의 반응은 그의 혜안이 빛난 비평으로 점차 우호적으로 바뀌었다. 1860년대에 「세상의 빛」은 많은 사람의 가슴에 녹아들어 빅토리아 시기 프로테스탄트의 기념적인 이콘으로 자리 잡았다.

세상의 빛이 되신 예수 그리스도

프로테스탄트 화가로서의 사명 의식을 지닌 헌트는 동시대인들의 가슴에 다가갈 수 있는 그리스도상을 창안하기 위해 열정을 불태웠다. 그는 새로운 도상을 사용하거나 기존 종교화의 상징성을 가져와 주변 사물을 통해 정교한 상징의미를 전달했다. 이러한 노력을 통해 그가 형상화한 그리스도는 전통 경배화 속의 고통당하는 희생자나 이콘화의 준엄한 심판자가 아니라, 관람자 개인에게 직접 다가가 감정의 울림을 주는 친근한 그리스도이다.「세상의 빛」에 등장하는 부활의 그리스도도 초월적이라기보다 관람자의 눈앞에 나타난 살아있는 그리스도의 모습이다.

미술의 도덕적 영향력을 믿은 헌트는 종교화의 감정적 효과와 역할을 중요하게 여겼다. 당대 사회문제와 이슈를 그림에 녹아들게 함으로 지금 이곳에 그리스도가 임재하고 있음을 느끼게 한다. 그의 종교화는 두려움 없는 믿음과 소명으로 맺은 귀한 열매였음이 분명하다.

07

서나영
| 총신대학교 객원교수

미국 남 침례신학교에서 교회음악과 신학을 공부하고 기독교 예술학(Christianity & the Arts) 박사를 취득했다. 현재 총신대 객원교수, 미국 스펄전 칼리지 초빙교수로 역임 중이며, 백석예술대학교에서 강의하고 있다. 또한 서울 기독교 세계관연구원(SIEW) 문화예술 분야 전임연구원으로 활동 중이며, 한국의 기독교 예술문화가 개혁주의 신학의 토대 위에 견고히 세워져서 복음의 길을 닦기를 소망하고 있다.

새로움,
미술과 창조적 영성

미술과 창조적 영성, 그 관계의 시작

미술의 역사를 들여다보면 화가들은 유독 '지루함'이라는 것을 싫어했다. 인류의 미술세계는 새로움에 기반한 혁신적 변화가 세상에 미친 엄청난 영향력을 자랑하기도 했고, 반대로 변화된 세상에 맞춰 가장 빨리 옷을 갈아입었던 '새로움'의 세계다. 이 새로움은 언제나 신선하고 반짝이는 형태를 가지지는 않았다. 때로는 기괴한 형태의 변형으로, 때로는 짙은 어두움의 주제로, 때로는 반대와 반항의 구성으로 변화를 꾀하기도 한다.

하나님을 떠나 본질이 죄성인 인간은(갈라디아서 4:8) 아름다운 사물이나 대상에게도 쉽게 지루함을 느낀다. 1960년대 포스트모던을 열었던 행위예술가들은 그 누구보다 이 지루함에 민감했는데, 예술은 절대로 고착되면 안 된다고 주장했다. 미술품은 벽에 걸리는 순간 그저 과거에 갇혀 기록으로 남아 고착화를 피할 방법이 없다고 여겼고, 그래서 오로지 현재에 충실할 수 있는 새로운 예술이 행위예술의 길을 열게 된다. '지루함'에 도달하지 않을 '새로움'이라는 감정만이 예술로서 살아남을 수 있다고 믿은 것이다. 그러나 그들이 간과한 한 가지는 새로움의 근원과 본질을 이해하지 못하면 언제나 새로움에 목마르기 마련이라는 사실이다.

숙명적으로 대부분 그리스도인은 새로운 미술을 이해하기 위해 고군분투한다. 또한 창의적 화가, 창의적 인재가 되어야 세상 속 '빛과 소금'이 될 수 있다는 공식은 아무도 의심하지 않는다. 그런데 우리가 쉽게 놓치고 있는 중요한 진리가 있다. 바로 '미술의 창의성에 대한 본질과 목적을 간과함'이다.

한스 로크마커는 인간의 손으로 만드는 모든 예술은 '영적'이라고 말했다.[1] 칼뱅은 이런 특성으로 인해 인간의 예술은 쉽게 우상이 될 수 있음을 경고하며 "마음은 우상의 아비요, 손은 우상의 어미다."라고 단언했다.[2] 인간은 예술에 자신의 감정을 넘은 영혼의 염원을 담았고, 그 작품은 인간의 진실에 관해 주체적으로 만들어졌기 때문이다. 그렇다면 새로움과 영성은 어떤 관계가 있을까? 그리스도인은 쏟아지는 새롭고 파격적인 미술을 어떻게 감상해야 할까?

오늘날 그리스도인에게 있어 '예술적 능력의 근원은 하나님이시다.'라는 사실은 이제 고착화된 반석처럼 당연한 이치로 다가온다. 성경을 진리로 믿는 이들에게는 새로운 생각과 창조적 상상력, 창의성 등 세상을 움직이는 이 동력이 하나님 없이는 생각할 수 없는 개념이다. 대부분 그리스도인은 주를 '창조주 하나님'이라 부르며, 그분의 형상을 닮은 자신에게도 창조의 DNA가 흐른다는 사실에 의심 없이 동의한다. 과연 미술을 감상하고 향유하는 우리는 삶의 예술 활동 속에서 실제로 하나님을 인식하고 있는가? 우리는 다시 한번 질문해야 한다.

매너리즘 미술, 마음의 왜곡을 드러내다.

인간은 쉽게 매너리즘에 빠지는 존재다. 매너리즘mannerism이라는 용어는 '양식'을 의미하는 이탈리아어 '마니에라maniera'에서 유래했다. 예술사가는 라파엘로Raffaello Sanzio, 1483~1520가 사망한 1523년을 기점으로 약 70년간 지속된 미술 양식을 매너리즘이라 불렀다. 당시 르네상스에서 이룩한 탁월한 미술적 기술을 의도적으로 왜곡하고 비틀어 인위적인 부자연스러움을 추구했다는 이유에서 붙여진 이름이다.

북유럽 르네상스 미술이 종교개혁을 거치며 프로테스탄트 미술의 새로움을 경험하고 있을 때, 이탈리아 르네상스 화가들은 시대적 불안을 드러내고 있었다. 균형과 조화의 고전적 미를 의도적으로 엇나가게 하며 형태 왜곡과 불안한 구도, 비대칭과 그로테스크한 분위기 등 마음의 추함을 드러냈다. 1520년대 이탈리아 사회 전반을 뒤흔든 여러 사건은 결국 교황 권력의 몰락을 예고하며 정치와 경제, 종교를 포함한 사회 전반에 불안을 불러왔다. 이 불안은 어김없이 미술에도 반영되었다.

라파엘로 「대공의 성모」
1505년, 워싱턴 국립미술관, 워싱턴 D.C.

라파엘로의 「대공의 성모」 그림을 보면 온화한 성모와 아기 예수의 모습을 우아하고 고귀한 색채와 조화로 표현했다. 라파엘로 특유의 섬세한 붓 터치와 함께 안정된 구도와 명암으로 색조의 고전미를 한층 더해준다. 또한 소박한 성모의 옷차림과 후광을 통해 인물들의 종교적 성격을 잘 드러내 준다. 라파엘로의 그림은 보는 사람에게 불안이 아닌 마음의 안정을 가져다준다.

반면 매너리즘 화가 파르미자니노Parmigianino, 1502~1540가 그린 「목이 긴 성모」(1534)는 정교하지만 인위적이고 부자연스럽게 느껴진다. 성모의 목은 비정상적으로 길고, 아기 예수와의 거리를 두는 듯한 성모의 시선도 자비로움과는 거리가 멀어 보인다. 마치 왕실 여인처럼 도도하게 화려한 드레스를 입고 머리 장식에 방해가 된다는 듯한 표정으로 아기를 위태롭게 간신히 손으로 받치고 있다. 아기 예수 또한 부자연스럽게 긴 팔다리를 가지고 있으며 어색하게 누워있다. 아기 예수를 경배하는 한 천사들도 왼쪽에 집중되어

파르미자니노 「목이 긴 성모」
1534년, 우피치 미술관, 피렌체

로소 피오렌티노 「젊은 남자의 초상」
1518년, 게맬데 갤러리, 베를린

있어 비대칭 구도를 이루고 있고, 한 천사의 다리는 필요 이상으로 강조되었다. 왼쪽에만 있는 커튼, 비어있는 오른쪽 배경, 그 배경 속 황량한 하늘 아래 원기둥 하나가 초현실적 분위기를 자아낸다. 「목이 긴 성모」 작품 속 오른쪽 아래에 그려진 성 히에로니무스ST. Hieronimus 347~420는 부자연스러운 소재 그 자체로 초현실적인 분위기를 증폭시킨다. 들고 있는 성서의 두루마리는 너무 작고, 다리 하나를 드러낸 채 인위적인 자세로 서 있다. 예측하지 못한 모습으로 엉뚱한 곳에 그려진 성 히레오니무스로 인해 전체화면은 더 불안해졌다. 파르미자니노는 기술적 부족함이 아닌, 의도적 불안의 표현을 명확히 드러내고 있다.

매너리스트 화가 로소 피오렌티노Rosso Fiorentino 1495~1540의 「젊은 남자의 초상」에서는 어두운 인간의 내면을 적나라하게 표현했다. 그림 속 남자는 자세가 구부정하고 눈빛은 퇴폐적이며 얼굴은 병약해 보인다. 배경 또한 음산하며 흔들리는 마른 나뭇가지들은 그로테스크한 분위기를 풍긴다. 이 작품은 매너리즘 시대의 병든 인간상을 상징적으로 보여준다.

또한 베네치아 화파 출신이자 매너리스트 화가 틴토레토Tintoretto 1518~1594가 그린 「성 마가 시신의 구출」(1566)은 원근법 구도의 왜곡을 통해 인간의 불안을 유도한다. 이 그림은 마가복음의 저자인 성 마가의 순교 일화 내용 중, 시신을 구해내는 알렉산드리아의 교인들을 표현했다. 시신을 옮기는 주제적 장면을 오른쪽 전면에 배치하고, 화형을 집행하려고 했던 장작더미를 중심으로 광장을 그렸다. 광장 배경은 휘몰아치는 우박을 피해 급히 몸을 숨기는 이교도들의 모습과 함께 음산함을 드러낸다. 틴토레토는 르네상스

틴토레토
「성 마가 시신의 구출」
1562~1566년
아카데미아 미술관, 베네치아

미술의 가장 뛰어난 업적인 원근법의 발견 중에서도 3차원 공간의 깊이를 유도하는 중심의 소실점이라는 법칙을 비틀었다. 왼쪽으로 비껴간 소실점의 위치, 건축물의 가파른 각도, 좌우의 비대칭은 보는 사람에게 긴장과 불안을 더해준다.[3]

엘 그레코
「다섯 번째 봉인의 열림」
1608~1614년
뉴욕 메트로폴리탄 미술관

그리스 화가 엘 그레코[El Greco 1541~1614]의 「다섯 번째 봉인의 열림」 또한 대표적 매너리스트 미술 작품으로 불린다. 이 작품은 요한계시록에서 사도 요한이 본 비전인, 세상의 마지막 날 다섯 번째 봉인이 열린 찰나를 보여준다. 순교당한 자들에게 흰옷을 나눠 주는 장면으로(요한계시록 6:9~11) 그림 왼쪽의 파란 옷을 입은 사도 요한은 두 손을 하늘로 향해 뻗으며 승리를 외치고 있다. 그레코는 구도를 과도하게 한쪽으로 치우치게 하고, 크기도 비대칭적으로 크게 그려 안정된 조화와 균형의 비율을 깨고 있다. 하늘은 브라운과 그레이톤의 청색으로, 세상 끝 날의 그로테스크한 분위기가 연출되었다. 순교자들의 울부짖는 모습과 천사가 나눠주는 흰옷을 받아 들고 있는 기묘한 순간이 그려졌다. 이 작품은 죽음에서 깨어나 부활한 자들, 그리고 육체의 고통 속에 있는 병자들에게 구원에 대한 희망의 메시지를 전달하는 주제를 강렬한 표현적 화법으로 그려 피카소를 비롯한 후대의 표현주의 화가들에게 많은 영향을 주었다고 평가된다.

16세기의 각기 다른 매너리스트 예술가들에게 나타난 다양한 특징들은 산발적이고 서로 일치하지 않는다. 틴토레토에게서 나타나는 특징이 있는가 하면, 파르미자니노에게 나타나는 특징이 있다. 그들이 가진 특징의 총합은 고전적인 비례 기준을 탈피하려 노력하고 이전에 많이 사용하던 색을 거부하는 등, 차갑고 인위적인 분위기를 나타냈다는 것이다. 고전 미술에서는 볼 수 없었던 인간 이외의 모티브를 그림에 첨가하고 자연과 정물을 강조하기 시작했다. 설사 불쾌하고 이상하더라도 평범하지 않은 주제를 택하는 경향을 보였다. 그들은 주관적인 감정에 집중해 '통상적인 시각으로 보아서는 감춰진 것, 무엇인지 알 수 없는 것, 예술을 통해서만 접근할 수 있는 것'을 그렸다.[4]

후대의 평가는 냉혹했는데, 19세기에는 자연과 동떨어진 기괴한 양식이라 하여 부정적인 의미를 굳히게 된다.[5] 가식적 예술, 부자연스러운 예술을 추구하는 그들의 태도를 비난하며, 새로운 시대의 예술이 아니라 고전적 예술에 반기를 든 반항의 양식으로 여겼다. 그러나 근대의 역사를 기술하면서 16세기의 예술이 다르게 이해되고 평가되기 시작하며 긍정적인 가치가 발견되기도 했다. '새로운' 예술의 시작으로 보게 된 것이다.[6] '관습의 회피'의 습관으로 '다름'에 집중하게 되며, 감각이나 지성으로 파악하기 어렵지만 높이 평가할 만한 새로운 가치가 있다고 여기는 목소리도 있었다.

매너리즘에 나타난 '다름'은 인간의 '불안'이라는 왜곡된 마음의 증거였다. 이전에 그렸던 이상적 아름다움이 현실에서는 다르다는 괴리감, 상황의 우울함과 미래의 불안, 인간의 불완전함과 연약함을 그림 속에 드러냈다. 그들이 파악한 현실은 인간과 세상을 초월한 구원의 힘을 그저 바라볼 수밖에 없는 절망이었다.

미술의 창조적 영성 1: 깨어짐과 순종의 새로움
매너리스트 미술을 들여다보면, 인간이 미술 역사 속에 이룩한 '다름'이 언제나 '선한 새로움'은 아니었다. 수많은 위험 요소에도 그리스도인들이 미술의 장르를 무시할 수 없는 이유는 미술이 인간에 대한 일반적 진실을 적나라하게 담고 있을 뿐 아니라 그것을 미학적으로 경험케 하기 때문이다. 미술은 인간의 모습을 늘 새로운 방식으로 보여주는 것에 주력한다. 미술은 인간의 마음과 인간이 믿는 것, 인간이 사는 세상의 방식을 조명하고, 돋보기로 스펙터클Spectacle하게 자세히 보여주기 위해 새로움을 추구한다. 그렇다면 그리스도인으로서 날마다 변하는 새로운 미술의 세계를 어떻게 바라보아야 하는가?

'하나님을 주인으로 삼은 삶을 살며 세상의 빛과 소금이 되라는 그리스도인의 사명'을 지키는 신앙인의 이상적 삶을 단지 지식으로만 이해하고 습득한 사람은 자신과 이웃의 '실제 삶의 방향'을 '새롭게' 바꾸지 못한다. 그림도 마찬가지이다. 예수 그리스도의 길을 따라가는 제자로서의 삶은 그분처럼 나를 세상에 내어주는 삶이다. 거룩히 구분된 삶은 예술을 누릴 때도 그분의 편에서 선과 사랑, 소망과 믿음을 위해 악과 절망, 미움과 싸우는 삶이다. 그리고 이 선한 싸움을 하려면, 인간을 이해해야 한다. 인간의 죄와 타락, 세상의 구조적 악함을 이해하고 인간의 본성과 그들의 갈망, 그리고 두려움과 불안을 알아야 한다. 인간의 죄를 깨닫고 회개하는 길만이 하나님의 은혜를 볼 수 있고 온전한 선을 따를 수 있는 길이기 때문이다. 이를 위해 그리스도인에게 새로움으로 역사하신 주님의 사역을 이해하는 일은 더없이 중요하다.

'새로움'은 영원하신 하나님의 중요한 속성이다. 불변하시는 삼위 하나님에게는 아이러니하게도 '새로움'이라는 속성이 포함돼 있다. 성경은 우리가 그리스도 안에 있으면 '새로운 피조물'(고린도후서 5:17)이며 우리의 속사람은 '날로 새로워지는'(고린도후서 4:16) 은혜를 체험한다고 약속한다. 실제로 인류의 역사 속에 성령님의 일은 언제나 '새로움'으로 나타났다. 이스라엘 백성을 애굽으로부터 해방시킨 주님은 새로운 예배를 선포하시고, 성막 건축을 위해 브살렐과 사람들에게 성령을 부어주셨다.(출애굽기 31:1~11) 정교함의 기술과 지혜를 토대로 성막과 성전이 지어졌고, 때때마다 하나님은 그의 은혜를 담을 새로운 그릇들을 주셨다. 신약에 와서 예수 그리스도께서 승천하시며 약속한 성령의 강림, 그 첫 현장인 마가의 다락방에서 일어났던 새로운 바람은(사도행전 2) 이후 새로운 교회시대를 열었다. 또한 16세기 종교개혁 이후 네덜란드에 부어 주신 성령의 역사는 '새로운 개혁주의 미술' 문화를 열었다. 일상의 은총을 표현하는 새로운 양식과 함께 긍휼의 미술로 인류에게 나타난 성령의 역사는 새로운 복음의 그릇을 빚어간다.

종교개혁으로 인해 성화상 파괴 운동이 일어났을 때, 네덜란드 프로테스탄트 화가들은 성전에 올릴 그림과 조각으로 주님께 영광을 돌리겠다는 뜨거운 화가의 심정을 깨뜨리고 순종의 길을 걸었다. 그들은 자신의 예술적 재능을 일상의 소명으로 받아들여 주님께서 허락하신 뜻을 찾는 여정을 시작했다. 일상의 식탁, 일터에서의 모습, 아름다운 풍경과 꽃 정물도 그들의 신앙을 고백하는 그림이 되었다. 매일의 삶과 가정과 일터에서 보이는 평범한 것들이 사실은 '주님의 은총'을 나타나는 매개물이라는 그들의 새로운 시각은 매너리스트 화가들의 소재였던 정물과 소품들을 '새로운 영성의 미술'로 탄생시켰다.

렘브란트 「아틀리에에서의 화가」
1626년경, 보스턴 미술관, 매사추세츠

프로테스탄트 영성의 위대한 화가 렘브란트의 「아틀리에에서의 화가」 (1626)는 미술의 창의성이 어떻게 발현되는지 잘 보여주는 그림이다. 그림에서는 캔버스에서 멀리 떨어져 선 채로 집중해 사색하는 화가의 모습을 볼 수 있다. 작품과 거리가 멀어 보이지만, 오히려 작품 속으로 더 집중해 하나가 된 듯하다. 그림은 팔이 닿는 근거리에서 그릴 수밖에 없다. 렘브란트는 그림 밖으로 나와 그 작품을 객관화하며 철저하게 주관적인 창조를 하는 화가였다. 렘브란트에게 있어 이 거리는 '창조적' 힘을 얻는 순간이다.[7] 교회가 중재하는 지식적 신앙이 아닌 프로테스탄트 영성의 경건함이 느껴진다. 작품과 거리를 두고 다시 가까이 가서 그림을 그리는 것을 반복해서 완성된 놀라운 영성의 그림들을 우리는 잘 알고 있다.

렘브란트는 현시대를 살아가는 그리스도인에게 '자신을 하나님의 초월성에 내어 맡길 것'을 제안하는 듯하다. 인간의 자율을 강조하며 기괴함을 나타내는 것이 '새로운 미술'이라 주장하는 사람들과 달리, 미국의 철학자 모티머 애들러Mortimer J. Adler는 '아름다움'은 인간을 묵상하고 스스로 초월해 완전한 인간으로 만드는 '자신을 초월한 휴식'을 제공한다고 주장했다.[8] 또한 영국의 문학가 아이리스 머독Iris Murdoch,1919~1999은 인간은 아름다움으로 산만해지거나 아름다움 때문에 자기 자신을 양도하여 이기심을 버린다고(Unself) 설명했다. 이에 자신을 양도하고 내려놓음이 자기에게 해가 되거나 버거운 것이 아닌 즐겁고 기쁜 일이라고 강조한다.[9] 자기 자신의 중심에서 벗어나는 일은 자신의 의와 교만을 깨뜨리고 회개의 길로 인도한다. 영향력 있는 러시아 철학자 니콜라이 베르쟈에프Nikolai Berdyaev, 1874~1948는 그의 작품 「꿈과 실재」에서 자기 자신이 중심일 수밖에 없는 예술 활동의 성질과 자기 자신을 버리고 초월해야만 하는 기독교 화가들의 숙명은 '성령이 이끄는 창의성'에 순종하는 일이라고 주장한다.

창조적인 행위는 대상에게 '자신이 아닌 것'보다 주체인 '자아'의 절대적 우선순위를 보여준다. 하지만 결국 자기중심의 지붕에 부딪히게 된다. 창조적 행위는 자기 자신을 초월하는 움직임으로 자기 자신보다 더 높은 곳에 도달하기 때문이다. 이런 순종으로 인한 창조의 경험은 하나님에 의해 완전히 준비될 새로운 하늘과 땅을 예시(Foreshadows)한다.[10]

자신의 의지를 하나님께 드리고 순종함으로써 진정한 새로움의 예술적 원천을 이해할 수 있다. 바로 이것이 그리스도인이 추구해야 하는 미술 활동의 영성이자 창조성이다. 이를 통해 비로소 이기심에서 벗어나 창조주 하나님을 사랑하게 되고, 이웃이 보이며, 이웃을 사랑하라는 그리스도의 대강령에 대한 순종으로 나아갈 수 있다.

미술의 창조적 영성 2: 목적과 탁월함

성령으로부터 온 '새로움'의 또 다른 특징은 뚜렷한 목적이 있는 탁월함이다. 오늘날 미술은 그 기준이 아름다움에 있지 않다. '미학'의 개념은 '감성의 인식에 관한 학문'으로 현대미술의 중심에는 '추(醜)'가 있다. 움베르토 에코 Umberto Eco, 1932~2016는 근대 미술사를 논하며 완전한 '추(醜)의 승리'라고 단언했다.[11] 여전히 예술 안의 조화, 비례, 균형 등 고대에 철학자들이 논하던 아름다움의 개념이 미술 세계에 존재한다. 하지만 일반인이 자세히 보기 힘든 추한 것들을 돋보기로 스펙터클하게 보여주는 방식이 예술가들의 시대적 소명이 돼버린 듯하다.

이탈리아 르네상스의 거장 레오나르도 다빈치 Leonardo da Vinci, 1452~1519가 그린 해골 해부도는 오늘날 탁월한 예술로 인정받았다. 그 모든 정밀 묘사에 눈길을 끄는 힘이 있었기 때문이다. 다빈치의 작품과 업적을 연구한 월터 아이작슨 Walter Isaacson, 1952~은 '가느다란 선, 우아한 윤곽, 스푸마토 효과, 왼손잡이 특유의 해칭, 입체감을 더해주는 절묘한 그림자와 음영'은 예술적 그림의 힘과 영향력이 생각보다 넓다고 주장했다.[12] 그림의 주제가 흉측하고 잔인하거나 어두움일지라도 미학적 탁월성을 인정받을 수 있는 몰입력을 선사하기 때문이다.

그리스도인은 이 '추함'의 미학이 만연한 시대에 하나님께서 직접 주신 최고의 예술작품인 성경에 나타난 묘사 방식을 주목해야 한다.[13] 인간의 불안함과 연약함으로 인한 모든 악을 표현하는 것은 성경이 사용하는 중요한 예술적 방법이다. 성경은 인간 타락의 전체적인 범위를 다양하게 묘사한다. 그 예로 성경은 성적 부도덕을 사실적으로 묘사한다. 소돔의 동성애 이야기(창세기 19), 디나 강간 사건(창세기 34), 다말과 오난의 부적절한 성교(창세기 38:1~10), 삼손의 행위(사사기 16), 기브아의 첩 집단강간 사건(사사기 19), 다윗과 밧세바의 간음(사무엘하 11), 암논과 다말의 근친상간(사무엘하 13) 등이 묘사된다. 또한 성경은 폭력의 장면도 다양하게 묘사한다. 사사기 3장에 기록된 에훗의 에글론 암살사건을 비롯해 구약과 신약에 여러 이야기가 있다. 성경은 우리가 알아야 할 인간 상태의 죄성과 타락한 세상의 비참함을 말해준다.

그렇다면 인간의 죄와 악을 표현하는 성경과 현시대 미술의 차이점은 무엇일까? 바로 그 목적이다. 성경은 악에 대한 고발을 보여주기 위해 악을 묘사하고, 일부 미술 작품들은 악을 표현하여 몰입감을 높이는 것에 더 큰 목적을 둘 때가 많다. 성경은 인간의 삶과 경험에 대한 설명에서 타락의 모습을 우세하게 표현하지 않는다.[14] 즉, 인간의 타락이 삶의 전부이거나 추함과 악에 대한 대안은 없다는 인상을 청중에게 남기지 않는다. 또한 성경은 성적 부도덕에 대해 따라오는 추악한 세부적인 묘사를 하지 않는다. 성적 부도덕을 표현할 때, 그 내용을 예술적으로 축약하여 악함이 돋보이거나 선정적으로 비치게 하지 않는다. 성적인 부분을 묘사하는 수많은 작품과 접근

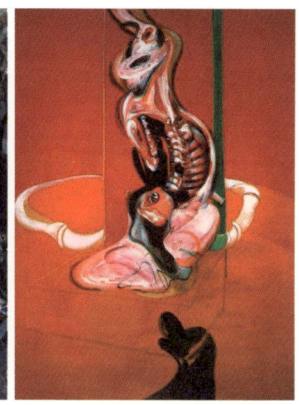

렘브란트 「도살된 소」
1665년

샤임 수틴 「도살된 소」
1925

프란시스 베이컨
「십자가형 습작 일부」
1933

방식이 완전히 다르다는 의미이다. 제일 중요한 것은, 성경은 묘사하는 악을 절대 용납하지 않는다는 사실이다. 반면 대부분의 미술의 세계에서는 부도덕이나 부분적인 악을 인간 행동의 정상적이고 불가피한 부분으로 묘사할 때가 많다. 심지어 악을 아름답게 표현하는 일도 만연하다.

  성령으로부터 온 '새로움'의 특징은 하나님께 영광을 돌린다는 뚜렷한 목적이 있는 탁월함이다. 렘브란트는 잔인하게 죽임당한 것 같은 「도살된 소」라는 다소 혐오스러운 주제를 탁월하게, 그리고 목적을 가지고 그렸다. 그림의 배경은 어두운 실내로 추정되고 도살된 소가 거꾸로 매달려 있다. 이 소를 매달고 있는 나무와 밧줄은 십자가의 형틀을 연상케 하며 죽음의 공포를 불러일으킨다. 이 흉측한 사체는 어딘가에서 비추는 희미하고 은은한 불빛을 받고 있으며, 살이 찢겼고 뼈가 보이지만 꺾어지지 않은 통째의 사체다. 피를 빼기 위한 건조 작업을 하는 듯 보이는 어두운 방 뒤편의 문 뒤에는 한 여인이 혹시나 하는 마음으로 긴장한 듯 무언가를 두 손에 든 채 엿보고 있다. 소나 가축을 잡아 거꾸로 매달아 놓는 것은 당시 네덜란드의 시장이나 부엌에서 흔히 볼 수 있던 일상적인 풍경이지만, 이 그림은 십자가에서 몸의 피가 다 빠질 때까지 사람을 매달아 놓는 가혹한 처형을 연상케 한다. 생명체의 처절한 고통과 죽음을 직접적으로 목격할 수 있는 이 그림은, 관람자가 뒤 문간의 여인이 된 듯한 분위기를 연출한다. 성경 속 막달라 마리아는 향유를 들고 예수님의 무덤가로 찾아갔을 때 이미 부활하신 예수와 빈 무덤을 발견한 인물이다. 그림 속 여인 역시 어두운 무덤 같은 방 앞에서 마치 향유를 들고 있는 듯 보인다.

이 그림의 기독교적 상징과 의도는 오직 렘브란트만 알고 있겠지만, 후대에 그려진 「도살된 소」의 습작들이 이 작품의 종교성을 말해준다. 카임 수틴Chaim Soutine 1893~1943의 「도살된 소」는 유대인이었던 수틴이 살던 시대의 격변기에 유대인들이 겪어야 했던 고통과 전쟁의 참상을 잔인하게 도살된 소를 통해 표현했다. 프란시스 베이컨Francis Bacon, 1909~1992의 「십자가 책형을 위한 세 개의 습작」과 데미안 허스트Damien Hirst 1965~의 「신만이 아신다」와 같은 현대 미술에서도 렘브란트의 도살된 소의 종교성을 모방했다.

예술은 '상징의 의미'만으로는 영향력을 끼칠 수 없다. 렘브란트의 섬세한 표현력은 그 주제가 비록 어둡고 심지어 잔인한 죽음을 상징해도 뚜렷한 신앙의 목적이 있는 탁월한 작품을 만들어 냈다는 데에 의의가 있다. 이 탁월함과 목적은 작품 속 소재들 안에 내재하는 상징의 힘을 느끼도록 도와주는 통로이며, 이것은 추한 주제의 예술도 '미술의 기독교적 영성'을 나타낼 수 있다는 것을 보여준다. 그리스도인은 이 목적과 탁월함을 감상할 수 있는 눈이 필요하다.

새로움을 흘려보내는 기독교 미술의 사명

미술을 통해 본 '매너리즘에 빠졌다'는 표현은 단순한 지루함이 아니다. 인간의 불안, 연약함, 죄와 악으로 인한 기괴함이 행동으로 나타나 그 불안을 흘려보내는 것을 말한다. 다행히 그리스도인이 바라보는 그 영원의 세계는 '지루하지 않을 늘 새로운 영원'이다. 우리는 그저 아름다운 천국이 아닌 '영원히 지속될 하나님 나라의 기쁨'을 바라보며 하나님 나라의 확장을 위해 예배하며 존재한다. 절대로 지루하지 않을 늘 새로운 기쁨이 흐르는 천국, 그 비밀에 대해 생각해 본 적이 있는가?

기독교 미술의 영성은 새로움의 근원인 하나님의 영과 소통하는 것에서 시작한다. 비틀어지고 왜곡된 마음도 그의 손에 붙들리면, 이전에 없던 새로운 아름다움으로 회복되는 은혜를 누리게 된다. 이것이 미술의 창조적 영성의 능력이다. 성경을 보면 주님의 구속 사역 전반에 자주 예술이라는 미학적 통로가 쓰였다. 브살렐에게 부어주신 성령의 역사는 우리 눈에 '예술'로 보인다(출애굽기 31:2~5). 하나님께서는 모세에게 친히 순금 등잔대에 아름다운 살구꽃과 꽃받침 모양의 장식을 새겨 넣으라고 명령하셨다(출애굽기 25:33~34). 예언서와 묵시록 곳곳을 통해 주님은 이미지가 주는 미학적 힘을 사용하셔서 그분의 뜻을 계시하셨다. 이러한 예술적 통로는 언제나 새롭고, 유연하며, 거룩한 목적을 가지고 주의 백성을 하나 되게 하는 놀라운 힘이 있다.

영국의 문화신학자 제람 바르스Jerram Barrs는 "예술적 교류가 일어나기 위해서는 예술이 단순히 자기 자신의 표현일 수는 없다."라고 지적했다.[15] 그리스도를 따르는 미술인은 자신의 표현을 넘어선 무언가가 필요하다. 인간이면 누구나 자유로울 수 없는 죄로부터의 여러 왜곡됨을 자아 깊이 깨뜨리고 '새로움의 근원인 하나님' 앞에 철저하게 순종하는 것이 기독교 미술의 영성의 시작이다. 진정한 미술의 역할은 자신과 이 세상 속 현실의 죄악 된 모습을 바로 보고, 나란히 존재하는 다른 사람들의 삶과 접촉하며 하나님이 만드신 세상을 기쁨으로 이끄는 것이다.

또한 때로는 위험하지만 불가피한 새로움을 받아들이는 유연한 태도와 순종의 핵심은 '방향'이다. 성령의 새로운 역사는 언제나 뚜렷한 목적을 가진다. 성경과 교회의 역사가 이를 말해준다. 복음을 통한 회복의 길로 인도하며, 주님의 이름을 높이며 그의 교회를 세우고 그의 나라의 '영광'을 드러내며 그를 '예배'하기 위한 정확한 방향성을 보인다. 하나님은 새롭게 상상하는 방법을 실제로 보여주셨다. 모세에게 성막과 제사장의 옷을 장식할 것을 명령하실 때, 빨간 석류가 아니라 현존하지 않는 청색과 자색의 석류를 표현하라고 하셨다. 그 이유는 무엇일까? 그의 낯선 상상력은 '영화롭고 아름다운(출애굽기 28:20)' 그의 백성이 소유할 거룩한 삶의 방향을 위함이었다.

세상이 열광하는 '새로운 미술'에 대해 그리스도인들 조금 더 깊은 시각을 가져야 한다. 늘 새롭게 역사하셨던 성령 하나님에 대한 깊은 묵상은 그리스도인이 진정한 '새로운 피조물'로의 삶을 살기 위한 필수 요소이다. 가장 선하고 아름다운 상상력, 그 새로움과 창의성의 주인은 하나님이다. 태초에 천지창조로 끝난 사역이 아닌, 지금도 그분의 영이 각 그리스도인의 마음속 성전에서 일하고 계신다. 그러니 성령의 충만함이 새로움의 엔진이 되어야 한다. 우리의 그 어떤 추한 죄악도 복음의 능력으로 부서질 것이며, 성령의 뜻에 순종하고 거룩한 목적을 가질 때 그 어떤 연약함과 악함도 아름다워질 수 있다. 미술 속에서 성령님과 연합해 그 새로움의 비밀을 알고 누리며, 주님께만 영광을 돌리는 그리스도인의 사명이 아름답게 이어지기를 소망한다. Soli Deo gloria!

미주

제1장 기독교 미술 이야기 : 예술과 세계관

1   E. H. Gombrich, 『서양미술사』 (서울: 예경, 1997), p.14.
2   Art란 예술을 의미하지만 본 고에서는 그 의미를 미술로서 제한하고자 한다.
3   힐러리 브랜트, 아드리엔느채플린, 『예술과 영혼』김유리, 오윤성 역 (서울:IVP, 2004), 78~127.
4   한스 로크마커, 『현대예술과 문화의 죽음』, 284.
5   리차드 해리스, 『현대인을 위한 신학적 미학』 김혜련 역 (서울: 살림, 2003), 33~85.
6   이들이 이렇게 그리스-로마문화에 심취하게 된 것은 영-육 이원론에 기초한 중세 가톨릭 신학이 인간성의 파괴를 가지고 왔다고 보았기 때문이다. 중세 제단화에서 등장하는 인물들이 대부분 고통스러운 표정으로 묘사된 것도 육체는 영혼의 감옥이라는 사상이 그 기저에 깔려있기 때문이었다. 그런데 르네상스시기에 와서 사람들은 이러한 영혼은 선하고 육체는 악하다는 중세의 인간관에 동의할 수 없었다.
7   E. H. Gombrich, *The Story of Art*. 백승길, 이종승 역, 『서양미술사』, 312.
8   피터 버크, 『이미지의 문화사』 (서울: 심산, 2005), 43~45. 팡테옹은 '모든 신들이 거하는 사원 (temple of all the Gods)'을 의미하는 라틴어 Pantheon에서 나온 말이다. 50년간 강력한 절대왕권을 행사한 루이 14세(Louis XIV)와 달리 어린 나이에 즉위한 루이 15세(Louis XV)는 반 왕권 세력들의 부상과 얀세니즘(Jansenism) 그리고 신흥 부르주아(Bourgeois)의 등장으로 인해 왕권의 약화를 경험할 수밖에 없었다. 그 뿐만 아니라 1754년 프랑스의 식민지였던 인도의 카르나티크 지역을 영국에게 양도한 것, 그리고 영국과 프로이센동맹 그리고 프랑스와 오스트리아 동맹 간에 벌어진 7년 전쟁(1756~1763)

의 결과로 인해 캐나다, 세네갈 그리고 미국 등 거의 모든 식민지를 영국에게 빼앗긴 사건은 국민들이 루이 15세의 통치력에 회의를 품게 했다. 이러한 상황을 타개하고자 루이 15세가 채택한 정책이 이미지를 통한 통치력의 강화였다. 생뜨 주느비에브 교회의 설립도 이러한 이미지 정치와 밀접한 관계가 있다. (참고) 다니엘 리비에르, 『프랑스의 역사』 (서울: 까치, 2000), 225.

9   이후 제1제정, 복고 왕정, 7일 왕정, 제2공화정, 제2제정, 그리고 파리 꼬뮨(Paris Commune)으로 이루어지는 일련의 정치적 격변 속에서 가톨릭교회가 되기도 하고 때로는 신전 혹은 공화국의 묘지가 되기도 하였다. 그 후 제3공화정에 이르러 팡테옹은 공화국의 묘지로 확정되었다. 팡테옹(Panthéon)의 역사에 대해서는, 로저 프라이스, 『혁명과 반동의 프랑스사』 (서울: 개마고원, 2001); 하상복, 『빵떼옹: 성당에서 프랑스 공화국 묘지로』 (부산: 경상대학교 출판부, 2007)을 참고하라.

10 빌 리제베로, 『서양 건축 이야기』 (서울: 한길아트, 2000), 288~290.

11 빌 리제베로, 『서양 건축 이야기』, 288.

12 M. K. Deming. "Le Panthéon révolutionnaire", *Le Panthéon: symbole des Révolutions*, 98~99.

13 John House, *Monet: Nature into Art* (New Haven: Yale University Press, 1986), 28~29.

14 Francis A. Schaeffer, 『그러면 우리는 어떻게 살 것인가?』, 233.

15 Barnett Newman, "The Ideographic Picture" quoted in H. B. Chipp, *Theories of Modern Art* (Los Angeles, University of California Press, 1968), 550.

16 쇤베르크는 전통적인 8음계를 거부하고 12음계를 사용하였다.

17 E. H. Gombrich, 『서양미술사』, 508.

18 Robert Hughes, *The Shock of the New* (London: Thames & Hudson, 1980), 301.

19 Wassily Kandinsky, "About the Questions of Form", *The Blue Rider* (London & New York: Prestel, 1999)를 Francis A. Schaeffer, 『그러면 우리는 어떻게 살 것인가?』, 232에서 재인용.

20 Wolfgang Iser, *The Act of Reading: A Theory of Aesthetic Response* (Baltimore: Johns Hopkins University Press, 1978), 10.

21 Roland Barthes, *The Pleasure of the Text, trans. Richard Miller* (New York: Hill & Wang, 1975)

22 Jacques Derrida, *Of Grammatology*, trans. Gayatri Chakravorty Spivak (Baltimore: Johns Hopkins University Press, 1976), 50.

23 Richard Rorty, *Philosophy and the Mirror of Nature* (Princeton: University of Princeton Press, 1979), 393

24 Francis A. Schaeffer, 『그러면 우리는 어떻게 살 것인가?』, 259. 쉐퍼는 객관적 진리에 대한 희망을 포기한 인류가 선택한 대안은 그 대안은 약물(LSD)이었다고 말한다. 약물을 하나의 대안 이데올로기로 자리를 잡게 한 학자들로 심리학자 티모시 리어리(Timothy Leary), 게리 스나이더(Gary Snyder), 철학자 알렌 와츠(Allen Watts) 그리고 시인 앨런 긴즈버그(Allen Ginsberg) 등이 있다.

25 Alister McGrath, 『목마른 내 영혼』 이종태 역, (서울: 복있는사람들 2005), 29.

26 James D,Bratt, *Abraham Kuyper: Modern Calvinist, Christian Democrat*, (Grand Rapids, M.I: Eerdmans, 2013), 461.

27 Abraham Kuyper, *Lectures on Calvinism*. 박태현 역, 『아브라함 카이퍼의 칼빈주의 강연』 (서울: 다함, 2021), 272.

28 Hans Rookmaaker, *Art needs to Justification*. 김헌수 역, 『예술과 기독교』 (서울: IVP, 2002), 54

29 Hilary Brand, & Adrienne Chaplin, *Art and Soul*, 김유리, 오윤성 역, 『예술과 영혼』 (서울:IVP, 2004), 245.

제|2|장 한국 기독교 미술의 형성과 전개

1 기념행사는 〈한국기독교미술 50년전〉(갤러리 미술세계, 2015.9.19~9.29), 『한국 현대기독교미술 50년』(예서원, 2015) 발간, '한국 현대 기독교미술 50년 심포지엄'(장로회신학대학교 국제회의실, 2015.9.29)으로 나누어 개최되었다.

2 '크리스천 시각예술 협회'(Christian in the Visual arts)의 사역에 대해선 다음의 사이트를 참고할 것. http://civa.org/about/history/ 1979년에 창립된 '크리스천 시각예술 협회'는 매년 전시회와 학술심포지엄, 연구물을 발간해오고 있다.

3 이연호(1987). "한국 기독교미술과 과제" 숭실대학교 한국기독교문화연구소, 『한국기독교와 예술』 (서울: 풍만).

4 서봉남(1994). 『기독교미술사』 (집문당).

5 정복희(1999). "20세기 한국기독교미술의 전개." 『한국교회의 문화사역 맥 짚기』. 21세기

	기독교문화포럼 위원회.
6	낙청헌에 들어온 문하생들로 백윤문, 한유동, 장운봉, 김기창, 장우성, 조중현, 이유태, 이석호, 허민, 정도화, 김한영, 조용승 등이 있다. 이들을 중심으로 후소회를 결성하였는데 제6회전의 회원은 40여명에 이른다. (송미숙. 2016: 133~169)
7	전쟁이 고조되자 총독부는 문화예술계에서의 영향력이 컸던 인사들을 동원해 태평양 전쟁을 미화하는 일을 서슴지 않았다. 1942년 10월에는 국방기금을 조성할 목적으로 마련된 〈조선남화연맹전〉에 노수현, 허백련, 이상범, 이응로, 배렴, 윤희순, 김기창과 함께 지명 출품하였다. 1942년 총독부 정보과와 국민총력조선연맹이 주최한 〈반도총후미술전〉은 1944년까지 모두 3회 열렸는데 이때 이상범과 함께 전람회 위원으로 선정되었다. https://terms.naver.com/entry.naver?docId=5734873&cid=63765&categoryId=63765 (검색일 2023.4.23일)
8	자세한 내용은 이연호(1987)의 "한국 기독교 미술과 과제"와 한국기독공보에 기고한 "한국기독교미술의 흐름"(1995.9.9~23)을 참고하였음.
9	이미 1954년에 가톨릭과 개신교를 초월해서 서울 미도파백화점 화랑에서 〈성미술전〉이 열렸는데 이 전시에 대해 "전란으로 황폐한 이 땅에 세기적인 불안과 공포의 한가운데에 거룩한 것을 표현하기 위한 미술전이 소규모로나마 제1보를 내디디었다는 것은 그 역사적인 사명과 아울러 생각할 때 감개무량한 바 있다."(경향신문, 1954.10.9 일자. "미술 융화된 미감.")고 보도하였다.
10	이당 김은호와 원곡 김기승, 이명의의 역할도 적지 않았다. 이당과 원곡은 한식집 일억조에서 모임을 가질 때 빠짐없이 참석했을 뿐만 아니라 특히 이당은 재정적 지원을 해주었고, 이명의는 "옥동자의 산파 역할"(김영재)을 맡았는데 자신이 운영하던 향린미술원을 회의장소, 작품 보관소로 내놓으며 적극 도왔다.(이정수 고문 전화인터뷰, 2023.5.12일) 창립 초기에는 당시 갖가지 문화 사역을 하였던 영암교회의 황은 목사(1923~1970)가 도움을 주기도 했다. "창립 40주년 기념특별좌담." 한국기독교미술인협회(2005). 『한국기독교미술인협회 40년사 1966-2005』.9~12.
11	제1회 한국기독교미술인협회전 리플릿 (1966.12.8, 신문회관)
12	역대 출품 작가에 대해서는 『한국기독교미술인협회 40년사 1966-2005』에 수록되어 있는 "회원전 출품작가현황" (15~23)을 참고할 것.
13	작품이 소재 중심으로 바뀐 것은 1973년 빌리 그래함 전도대회, 엑스폴로 74 대회, 77년 민족복음화 대전도집회 등 민족복음화운동과 그에 따라 교회가 성장하면서 예술품을 '전도의 한 방편'으로 이해한 태도와 무관하지 않다.

14 http://www.asianchristianart.org/index.htm. (검색일 2016.3.12)

15 http://www.asianchristianart.org/mag1986.htm#image27. (검색일 2016.3.12)

16 기독교세계관에 기초한 오의석의 논고 참조, 오의석(1992). "성경적 조형관."『통합연구』. 14;오의석(1993). "현대기독교미술과 세계관."『통합연구』, 18;오의석(1996). "창조, 타락, 구속의 미술-미술에 대한 기독교세계관의 조명."『기독교와 미술』

17 좌담회 참석자는 이연호, 홍종명, 김학수, 김기승, 이명의, 안동숙, 김영재, 윤영자, 이인실이며, 역대총무들의 회고로는 이명의의 "한국기독교미술인협회 창립", 김진화의 "기독교미술상 제정", 홍덕선의 "한국기독교 100주년 기념국제미술전", 주요 논고로는 정재규의 "혼합주의와 포스트모더니즘 실체와 문제점", 김병종의 "새로운 전환을 위하여", 박정근의 "기독교와 미술", 이연호의 "한국 개화기의 기독교미술", 서봉남의 "한국기독교미술 30년"이 각각 수록되어 있다. 한국기독교미술인협회(1995).『한국기독교미술인협회 30년사 1966-1995』(서울: 예서원).

18 『대한민국 크리스천 아트피스트 2022 KCAF』마루아트센터에서 열린 제10회전 정기전 카탈로그.

19 김병호(2013), "아트 인 크로스: 제2회 대한민국 크리스천 아트피스트를 열며",『대한민국 크리스천 아트피스트 2013 KCAF』카탈로그.

20 니콜라스 월터스토프는『정의와 평화가 입맞출 때까지』에서 종교를 '회피적(avertive) 종교'와 '형성적(formative) 종교'로 나누었는데 회피적 종교가 내세 지향적이라면, '형성적 종교'(세계 형성적 기독교 world-formative Christianity)는 "세상의 사회구조를 개혁하기 위해 진력한다는 점"을 손꼽는다. 세계를 형성하는 신앙은 그가 종사하는 문화를 변혁하여 회복하는 모습으로 나타난다. (Wolterstorff, 2007: 21~56)

21 짧은 역사 가운데서도 세계 제1의 장로교회, 세계 제1의 감리교회를 탄생시키고 세계 50대 대형교회 중 27개를 가진 놀라운 성장에 비해 기독교의 문화 지표는 초라하기만 하다.

22 https://gutenberg.edu/the-artful-in-us-all/ 참조

제3장 운보 김기창과 혜촌 김학수의 성경읽기와 그리기

1 성경주석적방법론으로서 미학적 성서해석에 관해, 김진명, "운보 김기창의〈물 위를 걷다〉와 성경 본문의 미학적 성서해석-마 14:22~23, 출 3:14, 시 2:7 본문을 중심으로-"『한국문학과 예술』제39집, (2021.9.30.), 269~294의 각주2 참조.

2 숭실대학교 한국기독교문화연구소,『한국기독교와 예술』(서울: 도서출판 풍만, 1987),

153~154.

3   이연호는 각주 61에서 "혜촌은 이북에서 남하하여 독신 생활을 하면서 그림을 그려 얻는 수입으로 육영 사업을 하였는데, 혜촌 후원회가 조직되어 있음. 시온감리교회 장로"라고 기록하였다(『한국기독교와 예술』, p.154). 혜촌의 인품과 신앙과 덕을 기리는 회고록 모음집에도 그에 관한 다양한 일화와 작품 소개와 연보가 수록되어 있다 (혜촌회, 『김장로님과의 삶이야기들-혜촌 김학수 장로님 95회 생신, 5주기 기념 회고록 모음』 (서울: 세광인쇄출판사, 2014). 운보는 〈예수의 생애〉 작품에 관하여 "…나는 예수의 행적을 더듬는 성화를 그리고 있었다. 때는 6.25 전쟁의 가열로 온 민족이 고통과 슬픔의 나날을 보내던 1952년 전북 군산의 피난처였다 … 신앙심이 깊은 어머니에게서 태어난 나는 어려서부터 독실한 믿음을 가진 신자였다 …. 그러나 나는 소외된 나를 찾기 위해 한 가지 길을 선택했다. 그것은 예술가가 되는 것이며, 나는 화가가 되었다"라는 자신의 말을 통해 예수의 생애를 그린 배경에 녹아들어 있는 한국사의 아픔과 신앙심과 소명과도 같았던 예술가로서 자신의 정체성을 이야기해 주었다. (청주공예비엔날레조직위원회, 『예수의 생애-2021 청주공예비엔날레 미술관 프로젝트 Art Bridge』, (청주: 운보미술관, 2021), p. 6). 운보는 1985년에 가톨릭으로 개종, 베드로라는 영세명을 받은 것으로 알려져 있다 (p. 151).

*이 글에서 사용하는 혜촌의 그림은 경민대학교 '혜촌선생기념관'에 전시된 작품이다. 혜촌의 작품 연구와 그림 사용을 허락해주신 경민대학교 홍지연 부총장님과 박명우 교수님과 함께 작품 사진 촬영을 해주신 장석교회 이승현 목사님(2022.8.18.)께 감사의 마음을 전한다.

4   연세대학교 '루스채플'에 기증된 1985년도 작품과 경민대학교 '혜촌선생기념관'에 기증된 연대미상의 동일한 「광야의 시험」에 해당하는 두 작품 모두에서 동일한 낙관이 사용되었으나, 예수님의 겉옷자락 색상과 시험하는 자의 세부 묘사에서 두 작품은 차이를 보여주고 있다. 새가 첨가되고, 기암괴석 등의 요소와 산 아래 궁궐로 보이는 건물 등이 더 정교하고 세련된 형태로 묘사된 연세대학교 루스채플의 작품보다 경민대학교 '혜촌선생기념관'의 작품은 더 단순하고 소박한 형태로 그림 안의 다양한 요소들이 조금씩 다르게 표현되어 있다. 연세대학교 대학교회 홈페이지 자료에 소개된 「광야의 시험」 해설(2019.3.14.)에는 이 작품과 관련된 신약의 성구를 마태복음 4:1~11, 마가복음 1:12~13, 누가복음 4:1~13의 공관복음 본문으로 소개하고 있으며, 이 작품은 1983년 정월부터 2년간 제작하여 1985년 12월 17에 연세대학교 '루스채플'에 기증된 36점의 작품 가운데 여섯 번째 작품이다. (https://devcms.yonsei.ac.kr/church/reference/picture.do?mode=view&articleNo=60827& article.offset=0&articleLimit=12, 2022.9.1. 23:25 접속)

5   주석적방법론으로서 미학적 성서해석에 관해, 김진명, "운보 김기창의 〈물 위를 걷다〉와 성경본문의 미학적 성서해석 -마 14:22~23, 출 3:14, 시 2:7 본문을 중심으로-"『한국 문학과 예술』제39집, (2021.9.30.), pp. 269~294의 각주2 참조.

6   조자용, 『한국 민화의 멋』(서울: 한국브리태니커, 1972), pp. 1~11. 감상을 목적으로 하고, 낙관이 있으며, 한 장만 그리는 원칙의 '바른 계통의 회화'와 작가를 알 수 없고, 낙관이 없으며, 실용적 목적을 가지고 대량 생산된 '옆 줄기 회화'로 나누었던 유종열의 회화 구분에서 민화를 후자로만 분류할 수 없다. 그 이유는 그러한 원칙이 다 적용되지 않는 한국 고유의 멋과 정신이 민화에 담겨 있기 때문이라고 조자용은 주장한다. 조자용은 한국과 중국과 일본의 전통화의 격식과 제한에서 자유로운 멋을 표현하고, 정통화관과 다른 속기를 담은 서민화와 평민화와 민속화가 '민화'라고 보았다. 그러한 점에서 운보의 그림에 나타난 '도깨비'라는 소재는 정통회화의 요소들을 반영하는 작품 속 다른 요소들보다 민화에 더 가까운 특징을 보여주는 그림의 요소라고 평가할 수 있다.

7   EBS 역사채널, "도깨비를 찾아라" https://www.ebs.co.kr/tv/show?prodId=10000&lectId=3120329 (2022년 8월 24일 22:56 접속) 참조.

8   이 글에서 인용한 전체 성경본문은 〈개역개정판〉성경전서(서울: 대한성서공회, 2004)를 사용했음.

9   EBS 역사채널, "도깨비를 찾아라" https://www.ebs.co.kr/tv/show?prodId=10000&lectId=3120329 (2022년 8월 24일 23:23 접속) 참조.

10 반전열, 임찬수외, 『현대일본의 요괴문화론』(서울: 제이앤씨, 2014), 16.

11 위의 책, pp. 35~41, pp. 74~77 참조. '오니'의 대표적 특징 가운데 하나는 "하구로", 즉 '검은 이빨'이다(38). 그러나 운보의 그림에 나타난 도깨비는 '하얀 이빨'을 가진 존재로 묘사되어 있다.

12 위의 책, p. 75 참조 ; 김열규, 『도깨비 본색, 뿔난 한국인』(서울: 사계절, 2010), pp. 73~79, pp. 153-204 참조. 김열규는 도깨비의 특징으로서 변덕스러움과 장난을 이야기 한다. 하지만 그는 뿔 달린 모습을 한국 도깨비의 특징으로 전제하고 자신의 글을 전개하고 있다. 이 점은 비평적 검토가 필요한 부분으로 보인다.

13 W. F. Albright and C. S. Mann, *Matthew*, The Anchor Bible (New York: Doubleday, 1971), Introduction, 63~65 참조.

14 Ibid. p. 66. (cf. 사 9:1~2, 마 4:13~17 갈릴리 지역에 관한 인용 본문 비교).

15 Ibid. p. 35

제15장 렘브란트와 샤갈의 '이삭의 희생' 해석

1   Gerhard von Rad, *Das erste Buch Mose: Genesis*, 박재순, 『국제성서주석-창세기』 (서울: 한국신학연구소, 1981), 262.
2   서성록, 『렘브란트』 (서울: 도서출판 재원, 2001), 24.
3   Walter Nigg, *Rembrandt Maler des Ewigen*, 윤선아 역, 『렘브란트-영원의 화가』 (경북 칠곡: 분도출판사, 2008), 112.
4   Mariët Westermann, *Rembrandt* (New York: Phaidon press, 2000), 12.
5   E. H. Gombrich, 『서양미술사』 (서울: 예경, 2017), 423.
6   라영환 외 5인, 『기독교 미술 이야기: 여섯 개의 시선』 (서울: 도서출판 예수전도단, 2021), 25.
7   김학철, 『렘브란트 성서를 그리다』 (서울: 대한기독교서회, 2010), 24.
8   렘브란트는 유화 160점, 에칭 80점, 드로잉 600점 등 850여점의 성경작품을 제작하였다. 서성록, 『렘브란트의 거룩한 상상력』, 29.
9   Stefano Zuffi, *Rembrandt* (Munich: Prestel Verlag, 2011), 64.
10 당시의 역사화란 어떤 사건에 의해 규정된 인물의 특정한 정서적 태도를 담은 표정과 제스처를 얼마나 성공적으로 화면에 표현했는가를 통해 평가되었다. Michael Bockemühl, *Rembrandt*, 김병화 역, 『렘브란트 반 레인』 (서울: 마로니에북스, 2006), 14.
11 Henk Van Os, *Rembrandts 'Offer van Abraham' in de Hermitage* (Amsterdam: Koninklijke Nederlandse Akademie van Wetenschappen, 2005), 4. http://www.knaw.nl에서 PDF파일 제공받음(2022년 9월 5일 접속)
12 강영주 외 13인, 『서양 미술 사전』 (경기도 파주: 미진사, 2015), 180.
13 김진명, "렘브란트의 〈이삭의 희생〉을 보며"『신학춘추』(2012. 11. 27), 9.
14 라틴어 'Deus ex machina'는 '신의 기계적 출현'을 의미하는데 도저히 해결될 수 없을 정도로 뒤틀어진 문제가 파국 직전에 초월적인 존재의 등장으로 인해 해결되는 기법으로 중세의 종교극에서 자주 사용되었으며 17세기 바로크와 19세기 빈의 민중극에서도 널리 애용되었다. "데우스 엑스 마키나", 두산백과, https://terms.naver.com/entry.naver?docId=1082379&cid=40942
15 키아로스쿠로는 이탈리아어 chiaro(빛)과 oscuro(어둠)의 합성어로 명암을 회화적 표현의 수단으로 강조하는 기법을 말한다. 렘브란트는 빛으로 표면의 질감을 강조하면서 공간의 깊이를 더해준다. 서성록, 『렘브란트의 거룩한 상상력』, 24.

16 라스트만은 역사화가로서 활기찬 자연주의와 고고학적 정확성을 기본으로 하여 성경의 줄거리를 재현했다.

17 서성록, 『렘브란트의 거룩한 상상력』, 34.

18 Michael Bockemühl, *Rembrandt*, 15.

19 라영환 외 5인, 『기독교 미술 이야기: 여섯 개의 시선』, 83.

20 John Calvin, 『칼빈 주석』, 51.

21 창세기 26:2~5절에서 하나님은 이삭에게 찾아오셔서 아브라함에게 하셨던 명령과 유사한 내용의 명령을 하시고 복에 대한 약속을 하신다. 조현영, 『보시니 참 좋았다』, 251.

22 서성록, 『렘브란트의 거룩한 상상력』, 72.

23 Deutsche Bibelgesellschaft, 『칠십인역 창세기』, 196

24 김진명, "렘브란트의 〈이삭의 희생〉을 보며"『신학춘추』(2012. 11. 27), 9.

25 Hilary Williams, *Rembrandt on Paper*, 54.

26 강영주 외 13인, 『서양미술사전』, 181.

27 Mariët Westermann, *Rembrandt*, 16.

28 김진명, "렘브란트의 〈이삭의 희생〉을 보며"『신학춘추』(2012. 11. 27), 9.

29 김진명, 『하나님이 그려주신 꿈 레위기』(서울: 도서출판 하늘향, 2015), 175~176.

30 *Encyclopaedia Judaica*, 482.

31 Gerhard von Rad, 『아브라함의 제사』, 132

32 샤갈의 할아버지는 유대회당의 헌금을 맡은 관리자이자 성가대원이었으며 샤갈의 아버지는 전형적인 경건한 유대인이었다. 샤갈은 거칠고 말이 없는 아버지를 성직자의 망토를 두르고 테필린을 들고서 성서를 낭독하는 모습으로 묘사했다. 샤갈의 가족은 안식일과 푸림, 수코트, 욤 키푸르 등의 유대인 절기를 철저하게 지켰다. Daniel Marchesseau, *Chagall*, 김양미 역, 『샤갈』(시공사: 서울, 2007). 14~15.

33 하시디즘은 '경건한 사람'이라는 뜻으로 18세기 중반 폴란드와 우크라이나의 민중 사이에 널리 퍼진 유대교의 경건주의적인 신비운동으로 평범한 존재들 속에 숨어있는 신성함을 찾고 일상속의 영성을 종교적 삶으로 강조한다.

34 Daniel Marchesseau, *Chagall*, 김양미 역, 『샤갈』. 21.

35 Monica Bohm-Duchen, *Chagall*, 남경태 역, 『샤갈』(경기도 파주: 한길아트, 2003), 214.

36 Daniel Marchesseau,『샤갈』. 138~148.

37 Ingo F. Walther and Rainer Metzger, *Chagall*, 최성욱 역,『마르크 샤갈』(마로니에북스: 서울, 2020), 89.

38 하경택,『정경적 관점에서 본 창세기 2』(용인: 킹덤북스, 2017), 83.

39 Deutsche Bibelgesellschaft,『칠십인역 창세기』, 198

40 *Encyclopaedia Judaica* (Israel: Keter Publishing House Jerusalem Ltd), 480.

41 Wenham, Gordon J,『WBC 주석시리즈 02-창세기 (하: 16-50)』, 235.

42 김종근,『샤갈, 내 영혼의 빛깔과 시』(서울: 평단아트, 2004), 197.

43 Monica Bohm-Duchen, *Chagall*, 남경태 역,『샤갈』(경기도 파주, 한길아트, 2003). 215.

44 Monica Bohm-Duchen, *Chagall*, 남경태 역,『샤갈』. 218.

45 Damperat, Marie-Helene, Sylvie Forestier, and Eric de Chassey, *I'ABC daire de Chagall*, 이재형 역,『샤갈』(창해: 서울, 2000). 63.

46 Damperat, Marie-Helene, Sylvie Forestier, and Eric de Chassey, *I'ABC daire de Chagall*, 이재형 역,『샤갈』. 64.

47 Daniel Marchesseau, *Chagall*, 김양미 역,『샤갈』. 25.

48 배철현,『창세기, 샤갈이 그림으로 말하다』(서울: 코바나컨텐츠, 2011), 80.

49 전승사적으로 '아케다'의 이삭은 주전 2세기의 벤 시락의 지혜서(44:20~21), 주전 1세기 솔로몬의 지혜서(10:5), 주전 2세기의 마카비서(마카비상 2:52), 주후 4세기의 '출애굽기'의 유대 미드라쉬 등에서 '하나님의 어린 양'으로 재해석 되었다. 로마 제국의 탄압이라는 역사적 사회적 정황 속에서 구체화된 순교자 신학은 주전 2세기 안티오쿠스 에피파네스의 박해 이후 형성되기 시작했다. 유대 전승은 여기에 이삭의 희생적인 죽음을 순교자의 원형으로 내세웠다. 이렇게 유대적 '아케다'가 기독교 신앙의 틀 속에 재수용 된 것이다. 왕대일, "구약 속의 신약, 신약 속의 구약: 아케다('aqedah)와 골고다-창세기 22:1-19의 재해석," 232~234.

50 Gerhard von Rad,『국제성서주석-창세기』, 267. 재인용. Strack-Billerbeck IV, 181~182.

51 Monica Bohm-Duchen, *Chagall*, 남경태 역,『샤갈』, 231~232.

52 유대화가 키타이(B. Kitai), 그레이엄 서덜랜드(Graham Sutherland) 등, Monica Bohm-Duchen, *Chagall*, 남경태 역,『샤갈』, 234.

53 Monica Bohm-Duchen, *Chagall*, 남경태 역, 『샤갈』.

54 234.1938년 6월 1,500명의 유대인을 수용소로 보낸 독일의 조치, 6월과 8월에 있었던 뮌헨과 뉘른베르크 회당의 파괴, 10월 유대인의 국외 추방, 대학살, 11월 9일 유대인의 상점과 재산과 회당이 공격 받아 파괴된 사건, Monica Bohm-Duchen, *Chagall*, 남경태 역, 『샤갈』(한길아트: 경기도 파주, 2003), 227~231.

55 Daniel Marchesseau, *Chagall*, 김양미 역, 『샤갈』, 91.

56 Ingo F. Walther and Rainer Metzger, *Chagall*, 최성욱 역, 『마르크 샤갈』(서울: 마로니에북스, 2020), 77.

57 Monica Bohm-Duchen, *Chagall*, 남경태 역, 『샤갈』, 310~311.

58 Monica Bohm-Duchen, *Chagall*, 남경태 역, 『샤갈』. 231.

제6장 윌리엄 홀먼 헌트 : 세상을 비추는 종교화를 추구한 화가

1 Judith Bronkhurst, *William Holman Hunt. A Catalogue Raisonné Vol. 1 Paintings*, (New Haven and London: Yale Univ. Press, 2006), 3.

2 헌트의 생애는 1905년에 출간된 그의 자서전(본 글에서는 1914년에 나온 복제본 참고)인 William Holman Hunt, *Pre-Raphaelitism and The Pre-Raphaelite Brotherhood* Vol. 1 & 2 (New York: E. P. Dutton & Company, 1914)와 Anne Clark Amor, *William Holman Hunt. The True Pre-Raphaelite* (London: Constable and Company Limited, 1989) 그리고 Bronkhurst, *William Holman Hunt. Vol. 1*, 9~23 를 참고했다.

3 Malcolm Warner, *The Victorians: British Painting, 1837~1901* (Washington DC: National Gallery of Art, 1996), 20.

4 그룹의 일원으로 제임스 콜린슨(James Collinson, 1825~1881), 윌리엄 마이클 로제티(William Michael Rossetti, 1829~1919), 프레데릭 조지 스티븐스(Frederic George Stephens, 1828~1907), 토마스 울너(Thomas Woolner, 1825~1892) 등이 참여하였다. 이들보다 약간 연상이자 멘토였던 포드 메독스 브라운(Ford Madox Brown, 1821~1893)은 그룹에 가입한 적은 없지만 라파엘전파와 많은 목적을 공유했다.

5 라파엘전파에게 영향을 준 초기 르네상스 화가에는 이탈리아 화가만이 아니라 북유럽의 화가들도 포함되었다. 1848년 헌트와 로제티는 파리, 브뤼셀, 브뤼헤, 겐트 등 북유럽을 여행하면서 얀 반 에이크(Jan van Eyck, 1395년경~1441), 한스 멤링(Hans Mamling, 1430년경~1494) 등 초기 네덜란드 화파의 작품들에서 영감을 얻었다. 초기 네덜란드 화파와 라파엘전파의 영향 관계에 대해서는 다음 논문 참조. Jane Langley, "Pre-Raphaelites or

ante-Durerites?," *The Burlington Magazine* 137: 1109 (1995): 501~508.
6   로제티의 「성처녀의 소녀시절」은 왕립미술원의 연례전보다 먼저 열리는 《자유전》에 출품되어 호평을 받았다. 이후 이 작품은 귀족 미망인에게 팔렸다. 티머히 힐턴,『라파엘전파』, 나희원 역 (시공아트, 2006), 58.
7   헌트는 시각적으로 초기 기독교 시기와 어울리는 원시적인 효과를 내고자 중앙의 세 인물에 삼원색의 주요색을 병치하였다. 이러한 이유에서 접시를 들고 있는 여인은 붉은 머리를 지닌 엘리자베스 시달이 모델이 되었다. George Landow, *William Holman Hunt and Typological Symbolism* (New Haven and London: Yale University Press, 1979), 63.
8   작품 속 인물과 사물의 상징의미에 대해 다음 책에서 참조. Éva Péteri, *Victorian Approaches to Religion as Reflected in the Art of the Pre-Raphaelite* (Budapest: Akadémiai Kiadó, 2003), 32.
9   영국의 국교인 영국국교회 안에는 고교회, 저교회, 광교회의 세 분파가 있었다. 이중 고교회 진영에서 1830-1840년대에 옥스퍼드의 신학자들을 중심으로 가톨릭의 의례와 복식을 부활시키는 운동을 벌여 맹렬한 논쟁을 일으켰다. Julie Melnyk, *Victorian Religion: Faith and Life in Britain* (London; Praeger Publisher, 2008), 2.
10   Landow, *William Holman Hunt*, 65~67.
11   그림을 종파적 논쟁과 연결시킨 대표적 견해는 다음과 같다. R. Ironside and J. Gere, *Pre- Raphaelite Painters* (London: Phaidon Press, 1948), 28; Alastair Grieve, "The P.R.B. and the Anglican High Church," *Burlington Magazine* 111 (1969): 294-295; John Duncan Macmillan, "Holman Hunt's Hireling Shepherd:Some Reflections on a Victorian Pastoral," *The Art Bulletin* 54:2 (1972):187-197; Lindsay Errington, "Social and Religious Themes in English Art 1840—1860" (Ph.D. dissertation, University of London, 1973).
12   Kriz는 그림 전면에 확대된 두 주인공의 행위를 통해 태만, 성적 부도덕, 게으름 등 당대 농촌의 도덕적 타락의 상황을 전하고 있다고 보았다. Kay Dian Kriz, "An English Arcadia revisited and reassessed: William Holman Hunt's Hiering Shepherd and the rural tradition," *Art History* 10:4(1987): 475-491.
13   작품을 정치적 맥락에서 논한 글로 다음 논문 참조. Jonathan P. Ribner, "Our English Coasts, 1852: William Holman Hunt and Invasion Fear at Midcentury," *Art Journal* 55:2 (1996): 45-54.
14   Bronkhurst, *William Holman Hunt*, 158.
15   Éva Péteri, *Victorian Approaches*, 50.
16   Hunt, Vol. 1, 55.

17 William Bell Scott, *Autobiographical Notes of the Life of William Bell Scott: And Notices of His Artistic and Poetic Circle of Friends 1830 to 1882*, ed. W. Minto, 2 Vols (London: Osgood, McIlvaine & Co., 1892), Vol. 1, 312~313; Michaela Giebelhauzen, *Painting the Bible. Representation and Belief in Mid- Victorian Britain* (Aldershot: Ashgate, 2006), 147~148에서 재인용.

18 Péteri, *Victorian Approaches*, 140; 헌트는 「세상의 빛」을 제작하기 몇 년 전에도 환영을 목격한 경험이 있었다. 어느 날 밤에 그가 기차역에서 역장과 함께 랜턴을 들고 걸어오던 중 갑자기 그 앞에 환영이 나타났다고 한다. "머리부터 발끝까지 흰옷을 입은 키 큰 남자였다. 몇 발자국 앞에서 그는 엄숙한 시선으로 나를 뚫어지게 쳐다보았다."라고 헌트는 회고하였다. Giebelhausen, *Painting the Bible*, 150~151.

19 엘리자베스 시달(Elizabeth Siddal, 1829~1862)이 비슷한 판화를 가톨릭 서점에서 보았다. 독일의 나자렌파의 판화들이 비슷한 유형으로 지목되었는데, '영혼을 두드리는 그리스도'의 도상이 이미 존재하고 있었던 것으로 보인다. Bronkhurst, *William Holman Hunt*, 152.

20 헌트의 동료화가 프레데릭 조지 스티븐스(Frederic George Stephens, 1828~1907)는 1860년 『회고록』에서 망토의 버클에 신비한 우림과 둠밈이 들어있다고 보았다. Bronkhurst, *William Holman Hunt*, 153.

21 Péteri, *Victorian Approaches*, 66.

22 Exh. Cat. Washington D.C. 1997: *The Victorians: British Painting 1837-1901*, 93; Robert Upstone, *The Pre-Raphaelite Dream* (London: Tate Publishing, 2003), 23.

23 「깨어나는 양심」은 헌트의 개인사와 연관된 작품이다. 그는 그림의 여성 모델인 애니 밀러(Annie Miller)와 결혼을 꿈꾸며 그녀를 정숙한 여인으로 교육하려 했다. 그러나 런던의 슬럼가(Croos Keys) 출신이었던 그녀는 헌트가 중동 여행하는 동안 다른 남자의 정부가 되고, 두 사람은 헤어지게 된다. Robert Upstone, *The Pre-Raphaelite Dream*, 93.

24 '타락한 여인'은 부유한 중산층 남성과 불륜에 빠진 가난한 여성이 남성으로부터 버림받은 뒤 매춘과 자살로 이어지는 여인의 불행한 말로를 다룬 이야기이다. 이는 당시 빅토리아 시기 영국에서 문학과 미술에서 인기 있던 주제였다. 헌트는 이 작품에 대한 영감을 찰스 디킨스(Charles Dikins)의 『데이비드 코퍼필드』(1850), 윌키 콜린즈(Wilkie Collins)의 『바질: 현대생활의 이야기 *Basil: A Story of Modern Life*』(1852) 등에서 얻었다. Upstone, *The Pre-Raphaelite Dream*, 23.

25 Upstone, *The Pre-Raphaelite Dream*, 22.

26 그림의 원래 제목은 "고요하고 작은 목소리 *A Still Small Voice*"였으나, 「세상의 빛」의 소유자인 토마스 콤브의 제안으로 「깨어나는 양심」으로 바뀌었다. 그렇지 않으면 이야기가 너무

어려워 해석할 수 없다고 느꼈기 때문이었다. Caroline Arscott, "Employer, husband, spectator: Thomas FairBairn's commission of *The Awakening Conscience*," in *The Culture of Capital*, ed. J. Wolff and J. Seed(Manchester University Press, 1988), 176.

제17장 새로움, 미술과 창조적 영성

1 Hans. R. Rookmaaker, *Art Needs No Justification*, 김헌수 역, 『예술과 기독교』 (서울: IVP, 2002).43.

2 "The mind begets an idol: the hand gives it birth." John Calvin, *Institute of the Christian Religion*, ed. John T. McNeil, trans. Ford Lewis Battles (Philadelphia: Westminster, 1960), 1.11.112.

3 이 작품의 특이한 구도와 그로테스크함은 후에 20세기 초현실주의 미술의 아버지라고 불리는 조르조 데 키리코(Giorgio de Chirico 1888~1978)의 작품 「거리의 신비와 우울」을 통해 재현되었고 초현실주의 미술의 시작을 열었다고 평가받고 있다. 신사빈, 『미술사의 신학 1』 (서울: W미디어) 2021, 134.

4 타타르키비츠, 『美學史.1 ,고대미학』, 136.

5 Giovanni Pietro Bellori, *Le Vite de' pittori, scvltori et architetti moderni* (근대 화가, 조각가, 건축가들의 생애) (Roma: Per il success. al Mascardi, 1672), 1. "작가들은 자연 연구를 포기한 채 마니에라로 예술을 더럽힌다."

6 Walter Friedlaender, Mannerism and anti-mannerism in Italian Painting, Columbia: Columbia University Press, 1957).

7 서성록의 저서 『렘브란트의 거룩한 상상력』를 참고하라. 서성록. 『렘브란트의 거룩한 상상력』 (서울: 예영커뮤니케이션), 2007.

8 Mortimer J. Adler, *Six Great Ideas* (New York: Macmillan, 1981), 129~130.

9 Elaine Scarry, *On Beauty and Being Just* (Princeton. NJ: Princeton University Press, 1999), 112~113.

10 Nicolas Berdyaev, *Dream and Reality: An Essay in Autobiography* (London: Geoffrey Bles, 1950), 219.

11 Unberto Eco, *Storia Della Bruttezza*, 오은숙 역, 『추의 역사』 (열린책들, 2018), 365.

12 Walter Isaacson, *Leonardo da Vinci*, 신복아 역, 『레오나르도 다빈치』 (arte: 2017), 284.

13 리랜드 라이켄의 저서 '예술적 가치로의 성경에 대해' 참고. Leland Ryken, *The Liberated Imagination: Thinking Christianly About the Arts* (Eugene, Oregon: Wipf and Stock, 2005)

14 Anthony C. Thiselton, *The Power of Pictures in Christian Thought*, 최승락 역 『성경의 그림 언어와 상징 해석』 (이레서원, 2018), 153.

15J Jerram Barrs, *Echoes of Eden: Reflections on Christianity, Literature, and the Arts* (Wheaton, IL: Crossway. 2013), 28.

제|1|장 기독교미술 이야기 : 예술과 세계관

하상복. 『빵떼옹: 성당에서 프랑스 공화국 묘지로』. 부산: 경상대학교 출판부, 2007.

한상화. 『포스트모던 사상과 복음주의 신학』. 서울:CLC, 2008.

Ash, Russell. *The Impressionists and Their Art*. Little: Brown Book, 1980.

Barthes, Roland. *The Pleasure of the Text*. New York: Hill & Wang, 1975.

Brand, Hilary. & Chaplin, Adrienne. 김유리, 오윤성 역,『예술과 영혼』. 서울: IVP, 2004.

Burk. Peter, 박광식 역. 『이미지의 문화사』. 서울: 심산, 2005.

Becker, Carl L. *The Heavenly City of the Eighteenth-Century Philosophers*. New Haven: Yale University Press, 1932.

Chipp, H. B. *Theories of Modern Art*. Los Angeles: University of California Press, 1968.

Deming, M. K. "Le Panthéon révolutionnaire", *Le Panthéon: symbole des Révolutions*. Paris-Montréal, 1989.

Derrida, Jacques. *Of Grammatology*. Baltimore: Johns Hopkins University Press, 1976.

Gombrich, Ernst H. *The Story of Art* . 백승길 역.『서양미술사』서울: 예경, 1997.

Grenz, Stanley. *A Primer on Postmodernism*. Grand Rapids: Eerdmans,1996.

Hegel, G. W. F. *Phenomenology of Mind*. Translated by J. B. Baillie, New York:

Harper and Row, 1967.

House, J. *Monet: Nature into Art*. New Haven: Yale University Press, 1986.

Hughes, Robert. *The Shock of the New*. London: Thames & Hudson, 1980.

Iser, Wolfgang. *The Act of Reading: A Theory of Aesthetic Response*. Baltimore: Johns Hopkins University Press, 1978.

Kandinsky, Wassily. *The Blue Rider*. London & New York: Prestel, 1999.

Kuyper, Abraham. *Lectures on Calvinism*. 박태현 역, 『아브라함 카이퍼의 칼빈주의 강연』. 서울: 다함, 2021.

_____, *Abraham Kuyper: Modern Calvinist, Christian Democrat*. Grand Rapids, M.I: Eerdmans, 2013.

McGrath, Alister. 이종태 역, 『목마른 내 영혼』. 서울: 복있는사람들 2005.

Price, Roser. 김경근 역. 『혁명과 반동의 프랑스사』. 서울: 개마고원, 2001.

Risebero, Bill. 오덕성 역. 『서양 건축 이야기』. 서울: 한길아트, 2000.

Rivière, Daniel. 최갑수 역. 『프랑스의 역사』. 서울: 까치, 2000.

Rookmaaker, Hans. 김헌수 역, 『예술과 기독교』. 서울: IVP, 2002.

Rorty, Richard. *Philosophy and the Mirror of Nature*. Princeton: University of Princeton Press, 1979.

Schaeffer, Francis. *How Should We Then Live?*. 김기찬 역. 『그러면 우리는 어떻게 살 것인가?』. 서울: 생명의말씀사, 2003.

Sirocco, *Monet*. Kent: Grange, 2003.

Vattimo, Gianni. *The End of Modernity*. Baltimore,: Johns Hopkins University, 1988.

제2장 한국 기독교미술의 형성과 전개

김기창 (2002). 『바보천재 운보그림 전』 도록. 국립현대미술관.

____ (1978). 『예수의 생애』, 서울: 경미문화사.

김남석 (1985). "네비우스 선교방법연구". 『신학지남』.206.

김병종 (2014).『김병종 30년 생명을 그리다』. 전북도립미술관.

김병호 (2013). "아트 인 크로스: 제2회 대한민국 크리스천 아트피스트를 열며."『대한민국 크리스천 아트피스트 2013 KCAF』도록.

김영길 (1988).『자다가 깰 때라』, 부산: 법률문화원.341~362.

_____ (1995).『창세로부터 비유속에 감추인 성경의 비밀』, 부산: 법률문화원

김영한 (1992).『한국기독교문화신학』, 서울: 성광문화사.476.

김학수 (1989).『예수의 생애』, 서울: 연세대학교 출판부.

박수근 (2010).『박수근 작품집』, 서울: 마로니에북스.

박은식 (1973).『한국독립운동지혈사(1)』, 서울: 일우문고.

박정근 (1996). "기독교적 감성표현에 관한 연구-아시아 기독교미술을 중심으로." 한국미술인선교회편.『기독교와 미술』, 서울: 예영커뮤니케이션.106.

박정세 (2010). "게일(J. Gale)의『텬로력뎡』과 김준근의 풍속삽도."『신학논단』. 60.

방오석 (1976). "한국가톨릭미술에 관한 연구." 이화여자대학원 교육대학원 석사학위 청구논문.

백낙준 (1973).『한국개신교사』. 연세대학교출판부.170.

서봉남 (1994).『기독교미술사』, 서울: 집문당.

_____ (2001).『서봉남 성서화집, 창세기~요한계시록』, 서울: 도서출판 MIG.

서성록 (2004).『한국 현대회화의 발자취』. 문예출판사.

_____ (2003). "H. 로크마커의 미술비평의 구조적 법칙."『미학예술학연구』.18

_____ (2009).『미술의 터치다운』, 서울: 예서원, 19~49.

손호현 (2009).『아름다운과 악 1권-신학적 미학 서설』.서울: 한들출판사.

숭실대학교 한국기독교문화연구소 (1987).『한국기독교와 예술』, 서울: 풍만.

송미숙. "후소회의 일본 강점기 활동."『미술사와 문화유산』4. 133~169

신국원 (1996). "기독교인의 문화이해."『신앙과 학문』. 1(2). 기독교학문연구회.

_____ (2002).『신국원의 문화이야기』, 서울: IVP.

아트미션 (2012).『예술적 창조성과 영성』, 서울: 예서원.

안유림 (2008). "일제의 기독교 통제정책과 〈포교규칙〉." 『한국기독교와 역사』.29.

유복열 (1969). 『한국회화대관』, 서울: 문교원.

윤영자 (2011). 『나의 삶과 예술』. 월간 아트프라이스.

오광수 (2014). "김기창 탄생 백주년 기념전." 『아트가이드』, 1월호.

오의석 (1992). "성경적 조형관". 『통합연구』 14.

_____ (1993). "현대기독교미술과 세계관." 『통합연구』 18.

_____ (1996). "창조, 타락, 구속의 미술-미술에 대한 기독교세계관의 조명". 한국미술인선교회편. 『기독교와 미술』, 서울: 예영커뮤니케이션.

이구열 (1992). 『근대한국미술사의 연구』, 서울: 미진사.

_____ (2005). 『우리 근대미술 뒷이야기』, 서울: 돌베개.128~29.

이만열 (2001). 『한국기독교와 민족통일운동』, 한국기독교역사연구소.

이경직 (2004). "기독교 세계관과 미술." 『한국기독교와 기독교미술』.백석저널 6호.56

이경직 (2018). "기독교미술이란 무엇인가?", 『만남』, 530 (03).

이연호 (1986). "기독교와 미술." 『기독교사상』, 336 (12).95.

이명의 (1995). "한국기독교미술인협회 30년 대담." 한국기독교미술인협회. 『한국기독교미술인협회 30년사』.21.

이연호 (1987). "한국 기독교 미술과 과제." 숭실대학교 한국기독교문화연구소. 『한국기독교와 예술』, 서울: 풍만. 153~157.

_____ (1993). "한국 기독교 미술의 토착화." 『통합연구』 6(1).

_____ (1990). "한국인이 그린 예수상." 『신앙세계』.4.130.

_____ (1991). 『한국 기독교미술에 있어서의 토착화 문제에 대한 비판적 연구』, Southern California Theological Seminary 박사학위논문.

_____ (1995), "한국기독교미술인협회 30년 대담."한국기독교미술인협회. 『한국기독교미술인협회 30년사』.20.

이은선 (2012). "한국장로교가 한국문화에 미친 영향." 『한국장로교총회 설립 11주년 기념학술세미나 논문집』. 새문안교회, 254.

정복희 (1999). "20세기 한국기독교미술의 전개." 『한국교회의 문화사역 맥 짚기』, 21세기기독교문화포럼 위원회 공개포럼 발제문. 동숭교회.

정성은 (2007).『한국 근대 미술에 나타난 그리스도교의 영향』. 성균관대학교.

정웅모 (2006). "그리스도교 미술에서 예수도상의 변천에 관한 고찰."『가톨릭신학과 사상』. 48.

정재규 (2004). "영광."『서봉남 작품집』, 서울: 진성문화사.

조현화 (2007).『한국 현대기독교미술의 현황 및 시기별 특징연구~1950~1990년대 회화작품을 중심으로』. 경희대학교 교육대학원 석사학위 청구논문.84.

최태연 (2005). "한국의 전통회화와 기독교 회화(2)",『백석저널 8호』, 백석기독학회 논문집 제 8권 가을호. 164~165.

한국기독교미술인협회 (1995).『한국기독교미술인협회 30년사 1966~1995』. 서울: 스페이스 신정.

_____ (2005).『한국기독교미술인협회 40년사 1966~2005』. 서울: 스페이스 신정.

_____ (2015).『한국 현대기독교미술 50년』. 서울: 예서원.

한국미술인선교회 편 (1996).『기독교와 미술』. 서울: 예영커뮤니케이션.

홍덕선 (1986). "한국기독교미술의 어제와 오늘, 백주년기념 한국기독교 미술성화대전을 마치고."『빛과 소금』. 2.

『국제기독교미술전 성화대전』도록 (1985). 이스라엘문화원.

Brand, H & Chaplin, A. *Art and Soul*, 김유리, 오윤성역 (2004).『예술과 영혼-포스트모던 시대 예술의 역할과 예술가의 소명』. 서울: IVP.

Eckhart. 김병종 역 (2014). "역사적 서정주의."『김병종 30년 생명을 그리다』. 전북도립미술관.

Schaeffer, F. *Addicted to Mediocrity: 20th Century Christians and the Arts*. 드버니아 자네트 토리 역 (1996).『창조성의 회복』. 서울: 예영커뮤니케이션.

Schaeffer, F. *Art and the Bible*, 김진홍 역 (1995).『예술과 성경』. 서울: 생명의말씀사. 1995.

Volf, M. *A Public Faith*, 김명윤 역 (2014).『광장에 선 기독교』. 서울: IVP.

Wolterstorff, N, *Until Justice and Peace Embrace*, 홍병룡, 강영안 역 (2007).『정의와 평화가 입맞출 때까지』. 서울: IVP.

Wolters, A. *Creation Regained*, 양성만 역 (1992). 『창조 타락 구속』. 서울: IVP.

제131장 운보 김기창과 혜촌 김학수의 성경읽기와 그리기

Albright W. F. and Mann, C. S., *Matthew*, The Anchor Bible, New York: Doubleday, 1971.

Allen, M.A., W. C., Gospel According to S. *Matthew*, The International Critical Commentary, vol. 23, Edinburgh: T.&T. Clark, 1972.

Currid, J. D., *Deuteronomy*, Darlington: Evangelical Press, 2006.

Foerster, W., "**dia,boloj**," *Theologocal Dictionary of the New Testament(=TDNT)*, vol.2, Grand Rapids, Wm. B. Eerdmans Publishing Company, 1995, pp. 71~81.

Witherington III, B., *Matthew*, Smyth & Helwys Bible Commentary, Macom: Smyth & Helwys Publishing, 2006.

Schäferdiek, K., "**Satana/j**," *TDNT*, vol.7, Grand Rapids, Wm. B. Eerdmans Publishing Company, 1995, pp. 151~165.

von Rad, G., *Das Fünfte Buch Mose*, 한국신학연구소번역실 옮김, 『신명기』, 서울: 한국신학연구소, 1986.

김열규, 『도깨비 본색, 뿔난 한국인』, 서울: 사계절, 2010.

김진명, "운보 김기창의 〈물 위를 걷다〉와 성경본문의 미학적 성서해석 - 마 14:22~23, 출 3:14, 시 2:7 본문을 중심으로-『한국 문학과 예술』제39집, (2021.9.30.), pp. 269~294

김진명, "마태복음 4장 1~11절과 신명기 6장 13절과 8장 3절의 미학적성서해석 - 운보 김기창의 〈사탄에게 시험받다〉와 혜촌 김학수의 〈광야의 시험〉 작품 비교 연구를 중심으로", 『한국문학과예술』제43집, (2022. 9), pp. 93~125

목회와신학편집부, 『신명기』 두란노HOW주석 vol.5, 서울: 두란노아카데미, 2008.

반전열, 임찬수외, 『현대일본의 요괴문화론』, 서울: 제이앤씨, 2014.

숭실대학교한국기독교문화연구소, 『한국기독교와 예술』, 서울: 도서출판 풍만, 1987.

조자용, 『한국 민화의 멋』, 서울: 한국브리태니커, 1972.

청주공예비엔날레조직위원회, 『예수의 생애 - 2021청주공예비엔날레 미술관프로젝트 Art Bridge), 청주: 운보미술관, 2021.

혜촌회, 『김장로님과의 삶이야기들-혜촌 김학수 장로님 95회생신, 5주기 기념 회고록 모음』, 서울: 세광인쇄출판사, 2014.

EBS 역사채널, "도깨비를 찾아라", https://www.ebs.co.kr/tv/show?prodId=10000&lectId=3120329, (2022년 8월 24일 23:23 접속)

연세대학교 대학교회, "혜촌 김학수 선생 그림", https://devcms.yonsei.ac.kr/church/reference/picture.do?mode=view&articleNo=60827&article.offset=0&articleLimit=12, (2022.9.1. 23:25 접속)

제15장 렘브란트와 샤갈의 '이삭의 희생' 해석

『성경전서 개역개정판』. 서울: 대한성서공회, 2004.

Deutsche Bibelgesellschaft, *Septuagintas*. 정태현, 강선남 역. 『칠십인역 창세기』. 경북 칠곡군: 분도출판사, 2006.

Biblia Hebraica Stuttgartensia. ed. Elliger, K,, and W. Rudolph. Stuttgart: Deutsche Bibelgesellschaft, 1997.

BibleWorks 10. Norfolk: BibleWorks LLC, 2016.

Encyclopaedia Judaica(Israel: Keter Publishing House Jerusalem Ltd),

Mariët westermann. *Rembrandt*. New York: Phaidon press, 2000.

Hilary Williams. *Rembrandt on Paper*. Los Angeles: The J. Paul Gitty Museum, 2009.

Stefano Zuffi. *Rembrandt*. Munich: Prestel Verlag, 2011.

Michael Bockemühl. *Rembrandt*. Köln: Taschen, 2007.

김진명. 『하나님이 그려주신 꿈 레위기』. 서울: 도서출판 하늘향, 2015.

김종근, 『샤갈, 내 영혼의 빛깔과 시』. 서울: 평단아트, 2004.

김학철. 『렘브란트 성서를 그리다』. 서울: 대한기독교서회, 2010.

배철현, 『창세기, 샤갈이 그림으로 말하다』. 서울: 코바나컨텐츠, 2011.

서성록, 『렘브란트』. 서울: 도서출판 재원, 2001.

____, 『렘브란트의 거룩한 상상력』. 서울: 예영커뮤니케이션, 2007.

조현영, 『보시니 참 좋았다』. 서울: 성서와함께, 1988.

라영환 외 5인, 『기독교 미술 이야기-여섯 개의 시선』. 서울: 도서출판 예수전도단, 2021.

Damperat, Marie-Helene, Sylvie Forestier, and Eric de Chassey, *I'ABC daire de Chagall*, 이재형 역, 『샤갈』. 서울: 창해, 2000.

Daniel Marchesseau, *Chagall*, 김양미 역, 『샤갈』, 서울: 시공사, 2007.

E. H. Gombrich. *The Story Of Art*. 백승길, 이종승 역. 『서양미술사』. 서울: 예경, 2017.

Gerhard von Rad, *Das erste Buch Mose: Genesis*. 박재순 역. 『국제성서주석-창세기』. 서울: 한국신학연구소, 1981.

_____, *Das opfer des Abraham*. 장익 역. 『아브라함의 제사』. 서울: 분도출판사, 1978.

Mark Sheridan. *Ancient Christian Commentary on Scripture: Old Testament* Ⅱ. 이혜정 역. 『교부들의 성경 주해: 구약성경Ⅱ-창세기 12-50장』. 서울: 분도출판사, 2014.

Michael Bockemüh., *Rembrandt*. 김병화 역. 『렘브란트 반 레인』, 서울: 마로니에북스, 2006.

Walter Nigg. *Rembrandt*. 윤선아 역. 『렘브란트-영원의 화가』. 경북 칠곡: 분도출판사, 2008.

Wenham, Gordon J. *Word biblical commentary: Genesis 16-50*. 윤상문, 황수철 역. 『WBC 주석시리즈 02-창세기 (하: 16-50)』. 서울: 솔로몬, 2001.

Monica Bohm-Duchen, *Chagall*, 남경태 역, 『샤갈』. 경기도 파주: 한길아트, 2003.

Ingo F. Walther and Rainer Metzger, *Chagall*, 최성욱 역, 『마르크 샤갈』. 서울: 마로니에북스, 2020.

John Calvin, 『칼빈 주석』

김진명. "렘브란트의 〈이삭의 희생〉을 보며" 『신학춘추』 (2012. 11. 27).

왕대일. "구약 속의 신약, 신약 속의 구약: 아케다('aqedah)와 골고다-창세기 22:1-19의 재해석"『신학사상』 115 (2001, 겨울), 229.

유경숙. "창세기 22장 1-19절에 대한 미학적 성경주석-렘브란트의 작품을 중심으로", 미간행 석사학위논문, 장로회신학대학교 대학원, 2022.

강영주 외 13인. 『서양미술사전』. 경기도 파주: 미진사, 2015.

인터넷 자료

"데우스 엑스 마키나", 두산백과, https://terms.naver.com/entry.naver?docId=1082379&cid=40942&categoryId=33105(2022년 12월 12일 접속).

제16장 윌리엄 홀먼 헌트 : 세상을 비추는 종교화를 추구한 화가

Amor, Anne Clark. *William Holman Hunt*. The True Pre-Raphaelite. London: Constable and Company Limited, 1989.

Arscott, Caroline. "Employer, husband, spectator: Thomas FairBairn's commission of *The Awakening Conscience*," in The Culture of Capital, ed. J. Wolff and J. Seed. 159~190. Manchester University Press, 1988,

Barringer, Tim. *Men at Work: Art and Labour in Victorian Britain* (New Haven and London: Yale University Press, 2005),

_____. Rosenfeld, Jason and Alison Smith. *Pre-Raphaelites: Victorian Art and Design*. New Haven: Yale University Press, 2012.

Boime, Albert. "Sources for Sir John Everett Millais's *Christ in the House of His Parents*," *Gazette Des Beaux-Arts* 86 (1975): 71~84.

Bronkhurst, Judith. *William Holman Hunt*. A Catalogue Raisonné V.1 & 2. New Haven and London: Yale Univ. Press, 2006.

Burritt, Amanda M. *Visualising Britain's Holy Land in the Nineteenth Century*. Cham, Switzerland: Palgrave Macmillan, 2020.

Errington, Lindsay, "Social and Religious Themes in English Art 1840—1860." Ph.D. dissertation. University of London, 1973.

Exh. Cat. London 1984: *The Pre-Raphaelites*, The Tate Gallery: Penguin Books.

Giebelhauzen, Michaela. *Painting the Bible*. Representation and Belief in Mid-Victorian Britain. Aldershot: Ashgate, 2006.

Grieve, Alastair, "The P.R.B. and the Anglican High Church," *Burlington Magazine* 111 (1969): 292, 294-295.

Hunt, William Holman. *Pre-Raphaelitism and The Pre-Raphaelite Brotherhood* Vol. 1 & 2. New York: E. P. Dutton & Company, 1914.

Ironside, R. and J. Gere, *Pre- Raphaelite Painters*. London: Phaidon Press, 1948.

Kriz, Kay Dian, "An English Arcadia revisited and reassessed: William Holman Hunt's Hiering Shepherd and the rural tradition," *Art History* 10:4 (1987): 475-491.

Landow, George. *William Holman Hunt and Typological Symbolism*. New Haven and London: Yale University Press, 1979.

Langley, Jane. "Pre-Raphaelites or ante-Durerites?" *The Burlington Magazine* 137: 1109 (1995): 501~08.

Ribner, Jonathan P., "Our English Coasts, 1852: William Holman Hunt and Invasion Fear at Midcentury," *Art Journal* 55:2 (1996): 45-54.

Macmillan, John Duncan, "Holman Hunt's Hireling Shepherd: Some Reflections on a Victorian Pastoral." *The Art Bulletin* 54:2 (1972): 187-197.

Melnyk, Julie, *Victorian Religion: Faith and Life in Britain*. London: Praeger Publisher, 2008.

Péteri, Éva. *Victorian Approaches to Religion as Reflected in the Art of the Pre-Raphaelite*. Budapast: Akadémiai Kiadó, 2003.

Stevens, Jennifer. *The Historical Jesus and the Literary Imagination 1860~1920*. Liverpool: Liverpool University Press, 2010.

Upstone, Robert. *The Pre-Raphaelite Dream*. London: Tate Publishing, 2003.

Warner, Malcolm. *The Victorians: British Painting, 1837~1901*. Washington DC: National Gallery of Art, 1996.

힐턴, 티머시, 『라파엘전파』, 나희원 역. 시공아트, 2006.

기독교 미술 이야기 Ⅱ 7인의 컬렉션

2023년 10월 24일 1판 1쇄 펴냄

기획	한국기독교미술인협회
지은이	라영환, 서성록, 김진명, 안용준, 유경숙, 서현주, 서나영
펴낸이	정양호
펴낸곳	도서출판 예수전도단
	그레이스 미디어(주)
출판 등록	1989년 2월 24일 (제2-761호)
주소	서울특별시 강서구 양천로 424
	가양역 데시앙플렉스 지식산업센터 530호
전화	02-6933-9981 · 팩스 02-6933-9989
이메일	ywampubl@gracemedia.co.kr
홈페이지	www.ywampubl.com

ISBN 978-89-5536-635-8

책값은 뒤표지에 있습니다.
잘못된 책은 바꾸어 드립니다.